Stephan Langer
Die 10 Gebote

Stephan Langer

# Die 10 Gebote

Grundkurs Christentum

**benno**

Bibliografische Informationen der Deutschen Nationalbibliothek
Die Deutsche Nationalbibliothek verzeichnet diese Publikation
in der deutschen Nationalbibliografie;
detaillierte bibliografische Daten sind im Internet
über http://dnb.d-nb.de abrufbar.

**Besuchen Sie uns im Internet unter:**
www.st-benno.de

Alle Bibeltexte: Einheitsübersetzung der Heiligen Schrift
© 1980 Katholische Bibelanstalt, Stuttgart

ISBN 978-3-7462-2862-4

© St. Benno-Verlag GmbH
04159 Leipzig, Stammerstr. 11
Umschlaggestaltung: Ulrike Vetter, Leipzig,
unter Verwendung eines Fotos von © picture-alliance/Hanan Isachar,
Frankfurt/Main
Gesamtherstellung: Kontext, Lemsel (A)

# INHALT

| | |
|---|---|
| I. Vorwort | 7 |
| II. Hinführung | 10 |
| III. Bevor es losgeht … Grundlegendes | 15 |
| IV. Ausgestreckte Hand – nicht erhobener Zeigefinger! Eine Art Gebrauchsanleitung | 22 |
| V. Die Zehn Gebote im Einzelnen | 29 |
|    *1) Du sollst keine anderen Götter neben mir haben* | 29 |
|    *2) Du sollst den Namen Gottes nicht verunehren* | 41 |
|    *3) Du sollst den Tag des Herrn heiligen* | 46 |
|    *4) Du sollst Vater und Mutter ehren* | 53 |
|    *5) Du sollst nicht töten* | 58 |
|    *6) Du sollst nicht Unkeuschheit treiben* | 63 |
|    *7) Du sollst nicht stehlen* | 68 |
|    *8) Du sollst kein falsches Zeugnis geben* | 74 |
|    *9) Du sollst nicht begehren deines Nächsten Frau* | 80 |
|    *10) Du sollst nicht begehren deines Nächsten Gut* | 85 |

| | |
|---|---|
| VI. Positiv gewendet – ein Versuch … | 89 |
| VII. Schlusswort | 93 |
| Literaturhinweise | 96 |

# I. VORWORT

Steuerbescheid, Telefonrechnung, Strafzettel – es gibt Post, die man nicht gern aus dem Briefkasten holt. Denn der Inhalt ist meist unerfreulich. In der Regel läuft es darauf hinaus, dass man zahlen muss. Mit etwas Sarkasmus scherzt da so mancher: Alle wollen nur mein Bestes, nämlich mein Geld.
Und auch sonst begegnen einem in unserer unübersichtlichen Welt jede Menge Paragraphen, Fristen, rote Ampeln, Verbotsschilder … Sie mögen im Einzelfall sicher sinnvoll sein. Doch manchmal kann man schon den Eindruck bekommen, das Leben heutzutage bestehe weniger aus Möglichkeiten als in erster Linie aus Einschränkungen.
Finanzamt, „Flensburg" … Zehn Gebote? Viele meinen, auch die Zehn Gebote gehören in diese unerfreuliche Reihe. Und geht es bei ihnen nicht auch wirklich nur um Zumutungen, um Gängelei? Du sollst, du sollst nicht, tu dies, lass jenes … Die meisten verbinden heute mit den Zehn Geboten in erster Linie diese Aufforderungen oder gar Befehle. Und von daher denken sie vielleicht: „Na prima! Nach Finanzamt und ‚Flensburg' will nun auch noch Gott etwas von mir!" Kein Wunder also, wenn viele mit

den Zehn Geboten recht wenig anfangen können. Viele haben sie vergessen, können sie nicht mehr aufzählen. Selbst der Religionsunterricht für die Kinder kann daran wenig ändern. Und so taugen bei vielen die Zehn Gebote nur noch als schlechter Witz: „Was passiert, wenn man eins der Zehn Gebote übertritt? Dann hat man halt nur noch neun."

Ich möchte dagegen auf den nächsten Seiten eine ganz andere, nämlich eine positive Sicht auf die Zehn Gebote anbieten.

Die Gebote sind Wegweiser, mit denen das Leben gelingen soll. Mir persönlich sind sie im Laufe der Zeit immer wichtiger geworden. Ich bin überzeugt: Die Zehn Gebote stellen keinen Verbotskatalog dar, sie sind nicht der drohende Zeigefinger Gottes. Es ist überhaupt nicht so, dass Gott uns mit seinen Geboten kleinhalten oder gar versklaven will. Das wäre ein Gottesbild, das nicht zu dem passen würde, was Jesus Christus uns verkündet hat. Und es entspräche auch nicht dem Gott des Alten Testamentes (wo die Zehn Gebote ja überliefert sind).

Im Gegenteil: Ich bin sicher, dass die Zehn Gebote in elementaren, leicht zu merkenden Sätzen zusammenfassen, was Generationen von Menschen als wertvoll und hilfreich erfahren haben. Die große Frage der Menschheit war und ist ja: Was können wir tun, damit unser Leben gelingt? Unzählige Philo-

sophen haben sich darüber Gedanken gemacht. Die Antwort der Bibel lautet: Wenn ihr diese zehn Regeln einhaltet, dann wird es gut …
Somit gehören die Zehn Gebote eigentlich fast schon zur Gattung der Ratgeberliteratur. Das Besondere ist freilich, dass sich hier nicht ein Einzelner hingesetzt und sich irgendwelche „Tipps" ausgedacht hat. Sondern in den Zehn Geboten ist Grundwissen der Menschheit dokumentiert. Das Ganze hat sich über lange Zeit bewährt und wurde deshalb in diese einzigartige Form gegossen.
Es wäre sehr schön, wenn Sie, liebe Leserin, lieber Leser, für eine Entdeckung offen wären. In diesem Büchlein können Sie lesen, dass und warum ich die Zehn Gebote als Angebot, ja als Geschenk Gottes sehe. Ich hoffe, diese Sicht eines Tages auch an unsere Tochter weitergeben zu können, auf deren Geburt sich meine Frau und ich in diesen Tagen freuen.
Und auch Sie, liebe Leserin, lieber Leser, lade ich ein, sich mit dieser Perspektive auseinanderzusetzen. Mir sind die Zehn Gebote sehr wertvoll geworden. Wenn ich ein wenig dieser Überzeugung, ja meiner Begeisterung für diesen wunderbaren Text weitergeben könnte, hätte sich dieses Büchlein bereits gelohnt.

*Freiburg im Breisgau, im Oktober 2009*

## II. HINFÜHRUNG

*„Die Zehn Gebote sind nicht Last, sondern Wegweiser zu einem geglückten Leben."*
Joseph Ratzinger / Papst Benedikt XVI.

Neben dem Vaterunser gibt es wohl kaum einen biblischen Text, der ähnliche Verbreitung erfahren hat wie die Zehn Gebote. Nur wenige werden sie heute noch vollständig aufzählen können. Doch *dass* es sie überhaupt gibt, das wissen fast alle.
Ja, mehr noch: Die Zehn Gebote sind längst sprichwörtlich geworden. Sie sind in unseren Sprachgebrauch eingegangen als Bezeichnung für so ziemlich jeden Katalog verbindlicher Regeln. So findet man in Buchhandlungen die „Zehn Gebote für starke Frauen" neben den Zehn Geboten „für großartiges Golf" und vieles mehr. Eine Episode aus der Politik mag die weithin selbstverständliche Verwendung des Begriffs „Zehn Gebote" unterstreichen. Alt-Kanzler Gerhard Schröder erklärte einmal, man solle seine Agenda 2010 nicht wie die Zehn Gebote behandeln – und alle wussten, was er damit meinte.

## Sprichwörtlich – und bleibend gültig

Dabei sind die Zehn Gebote weit davon entfernt, zum bloßen sprachlichen Symbol zu verkommen. Vielmehr findet nach wie vor auch eine breite inhaltliche Auseinandersetzung mit ihnen statt. Wer nach einem weltweiten Ethos fragt, also nach Grundregeln, die das Zusammenleben aller Menschen ordnen könnten, kommt an den Zehn Geboten nicht vorbei. Laufend erscheinen Bücher mit Auslegungen der Zehn Gebote; es gibt Filme, Theaterstücke und Kunstprojekte.

## Zentrale Bedeutung für Christen

Speziell für Christen haben die Zehn Gebote noch eine weitere Dimension, aus ihrer Sicht ist dies sogar das Entscheidende. Die Gläubigen haben mit den Zehn Geboten Weisungen erhalten, als deren Urheber Gott selbst gilt.
Der Text steht zwar im Alten, oder besser formuliert: im Ersten Testament. Darin gibt es viele Inhalte, an

die sich Christen – zu Recht – nicht mehr gebunden wissen, etwa die vielen Speisevorschriften. Nur wenige Kapitel nach den Zehn Geboten im Buch Exodus / Zweites Buch Mose findet sich beispielsweise das Verbot, das Junge einer Ziege „in der Milch seiner Mutter [zu] kochen" (23,19b). Bibelwissenschaftler vermuten, dass hinter dieser Vorschrift wohl in erster Linie der Gedanke stand, die besondere Erwählung Israels nach außen hin deutlich zu machen. Weil diese Situation für Christen eine gänzlich andere ist, essen wir, wenn wir nicht gerade Vegetarier sind, also durchaus Rahmgeschnetzeltes.

Aber bei den Zehn Geboten liegt die Sache anders. Schon Jesus hat sie keineswegs aufgehoben oder relativiert. Vielmehr zitiert er sie und interpretiert sie neu – im Licht der Liebe Gottes. Beispiele dafür werden wir im weiteren Verlauf sehen.

Entsprechend hat die Kirche in ihrer zweitausendjährigen Geschichte den Zehn Geboten „immer vorrangige Bedeutung zuerkannt", wie es im aktuellen Katechismus der katholischen Kirche, dem so genannten Weltkatechismus aus dem Jahre 1997, heißt. Und auch Luther mahnte in seinem Großen Katechismus von 1529, man solle die Zehn Gebote „über alle anderen Lehren teuer und wert halten als den höchsten Schatz, der uns von Gott gegeben ist".

Stichwort: Katechismus. Vor allem bei der so genannten Katechese, also der Unterweisung im Glauben, kamen und kommen die Zehn Gebote in der Kirche traditionell zum Tragen. Der Grund liegt tatsächlich auf der Hand. Die neuen beziehungsweise jungen Christen können sich die elementaren Regeln „an zehn Fingern abzählen" und sich auf diese Weise zentrale Inhalte des Glaubens leicht merken.

## Den befreienden Charakter wieder entdecken

Leider haben die Zehn Gebote in diesem Zusammenhang eine gewisse Engführung erfahren und teilweise sogar eine gefährliche Schlagseite erhalten. Schon Dichterfürst Johann Wolfgang von Goethe (1749–1832) empfand es als „verdrießlich", wenn die Zehn Gebote ohne Verstand auswendig gelernt wurden. Für Generationen von Gläubigen war dies so, und es kam noch schlimmer: Viele haben die Zehn Gebote meist nur in Verbindung mit dem drohenden Zeigefinger erlebt. Die Kirche benutzte sie, um die Gläubigen zu einer bestimmten Lebensführung anzuhalten – vor allem um deutlich zu machen, was alles

verboten ist. Eltern setzten die Zehn Gebote auf ähnliche Weise bei der Erziehung ihrer Kinder ein. Es verwundert nicht, dass Menschen kein positives Verhältnis zu den Zehn Geboten entwickeln (können), wenn sie ihnen stets nur im negativen Sinn begegnet sind. Doch das ist einseitig, ja sogar falsch. Es geht, soviel sei an dieser Stelle schon gesagt, am Sinn der Zehn Gebote vorbei.
Ihren befreienden Charakter wieder frei zu legen – das ist vielleicht das Hauptanliegen dieses Büchleins.

# III. BEVOR ES LOSGEHT ...
# GRUNDLEGENDES

*„Die Zehn Gebote sind deswegen so kurz und logisch, weil sie ohne Mitwirkung von Juristen zustande gekommen sind."*
(Charles de Gaulle, französischer Politiker, 1890–1970)

Wer die Zehn Gebote nachlesen will, muss dazu das Alte – oder wie wir vielleicht besser sagen: das Erste – Testament aufschlagen. Dabei handelt es sich um den ersten großen Teil der Bibel, den die Christen, zumindest weitgehend, mit den Juden gemeinsam haben.

Die Zehn Gebote finden sich gleich zwei Mal in der Bibel. Und wenn man so will, lässt sich schon an dieser „Doppelung" ihre herausgehobene Bedeutung erkennen. Sie stehen im 20. Kapitel des Buches Exodus (die evangelischen Christen sprechen vom „Zweiten Buch Mose") sowie im fünften Kapitel des Buches Deuteronomium (evangelisch: „Fünftes Buch Mose"). Zwischen den beiden Fassungen gibt es durchaus kleinere Unterschiede, auf die hier aber nicht näher eingegangen werden soll. Sie kommen

gegebenenfalls bei den einzelnen Geboten zur Sprache.

## „Heilige Schrift" in ganz unmittelbarem Sinn

Gleich mehrfach unterstreichen die biblischen Autoren, dass den Zehn Geboten ein besonderer Rang zusteht. So spricht in ihnen Gott in „Ich-Form", also in direkter Rede, den Menschen an. Ja es heißt sogar, die Zehn Gebote seien von Gott selbst geschrieben worden. Die beiden Steintafeln mit dem Text der Gebote erhält der Prophet Mose von Gott persönlich. „Und die Schrift, die auf den Tafeln eingegraben war, war Gottes Schrift" (Ex 32,15). In der anderen Überlieferung wird gesagt, die Tafeln seien „mit dem Gottesfinger beschrieben" worden (Dtn 9,10). Nach Auskunft der Bibel handelt es sich also bei den Zehn Geboten um „Heilige Schrift" in unmittelbarem Sinne: sie kommen geradewegs von Gott selbst. Höherrangig geht es nicht!

Desweiteren wird gesagt: die Zehn Gebote gehören zentral zum Vertrag zwischen Gott und seinem Volk. In der Sprache der Bibel wird dieser Vertrag „Bund"

genannt. „Der Herr offenbarte euch seinen Bund, er verpflichtete euch, ihn zu halten: die Zehn Worte (Gebote)" (Dtn 4, 13).

Und schließlich macht die Stellung der Zehn Gebote innerhalb der Bibel deutlich, dass es hier um Grundlegendes geht. Im Buch Exodus folgt auf die Zehn Gebote das so genannte Bundesbuch, eine Sammlung von ganz konkreten Vorschriften und Bestimmungen, etwa zum Verhalten im Rechtsstreit oder zur Verehrung Gottes. Bei der Fassung im Buch Deuteronomium ist es ganz genauso: Nach den Zehn Geboten folgt auch hier eine Sammlung von Gesetzen: das so genannte Deuteronomische Gesetz. Sowohl dem Bundesbuch als auch dem Deuteronomischen Gesetz sind also die Zehn Gebote vorangestellt: sie sind gewissermaßen das „Grundgesetz", das immer und überall gilt. Hinterher wird es in Einzelbestimmungen entfaltet.

Ordnet man das Geschehen um die Zehn Gebote in den Zusammenhang der biblischen Geschichte ein, muss man zurückgehen zum zentralen Heilsereignis des Alten Bundes: der Befreiung aus Ägypten. Nach langem Hin und Her und in einem äußerst dramatischen Geschehen hat Gott durch Mose sein Volk aus dem „Sklavenhaus" (Ex 20,2) herausgeführt. Nach dieser erlösenden Erfahrung zieht es durch die Wüs-

te. Und dort am Berg Sinai (in einer anderen Tradition heißt er „Horeb") gibt Gott seinem Volk die Zehn Gebote. Sie gehören also unmittelbar zu der Freiheitsgeschichte Gottes mit seinem Volk.

## Dennoch nicht vom Himmel gefallen

Natürlich ist auch dieser biblische Text nicht wirklich buchstäblich vom Himmel gefallen. Theologen haben herausgefunden, dass die Zehn Gebote fast 3.000 Jahre zurückreichen. Schriftlich abgefasst wurden sie wohl zwischen dem achten und sechsten Jahrhundert vor Christus. Dies lässt sich indirekt schließen aus den Quellen, die auf die Gebote Bezug nehmen oder eben nicht. Wahrscheinlich ist die Fassung aus dem Buch Deuteronomium früher entstanden.
Es gibt Christen, die diese wissenschaftliche Erkenntnis nicht teilen. Sie legen die Bibel wortwörtlich aus. Und sie fürchten, man beraube den Text seiner Würde, wenn man ihn mit den Mitteln der Wissenschaft analysiert. Sie lassen daher an der unmittelbaren Autorenschaft Gottes nicht rütteln.
Die Kirchen und die überwiegende Mehrzahl der

Christen sehen das anders. Und sie haben dafür gute Gründe. Sie gehen davon aus, dass Gott nicht ständig unmittelbar in das Leben eingreift. Denn wäre das nicht zu klein von ihm gedacht? Und wo bliebe die Freiheit der Menschen? Wären wir bei einem derart in den Alltag hineinregierenden Gott nicht bloß Marionetten?

Vielmehr scheint es der Bibel und der Botschaft Jesu zu entsprechen, dass Gott sich eher behutsam, indirekt offenbart!

## Menschen und ihre Erfahrungen mit Gott

Und so sind die allermeisten Christen davon überzeugt, dass Gott nur mittelbar, indirekt als Urheber der Zehn Gebote zu bezeichnen ist. Es waren Menschen, die über viele Generationen hinweg Erfahrungen mit ihrem Gott gemacht haben. Und es waren ebenfalls Menschen, die dies dann in Bildern und in der Sprache ihrer Zeit ausgedrückt haben. Der Neutestamentler Norbert Lohfink schreibt völlig zutreffend, dass man die Bibel gerade dann „wörtlich" nimmt, wenn man die Art, in der sie redet, ernst nimmt.

So will auch die Erzählung vom Berg Sinai nicht in erster Linie dokumentieren, wie es damals im Einzelnen abgelaufen ist – selbst wenn wir neuzeitliche Menschen genau das vielleicht gerne wissen wollen. Es handelt sich hier um einen theologischen, auch poetischen Text, der vor allem die einzigartige Bedeutung der Zehn Gebote herausstellt. In diesen Sätzen selbst hat sich niedergeschlagen, welche fundamentalen Regeln die Menschen als entscheidend für ein gutes, gelingendes Leben erkannt haben.

## Was man sich an zehn Fingern abzählen kann …

Eine letzte, zunächst vielleicht banal klingende Frage: Warum sind die Zehn Gebote eigentlich genau *zehn* Gebote? Dass es so sein *soll*, ist klar. Denn immer wenn die Bibel sich auf sie bezieht, wird genau diese Zahl verwendet. Von den „zehn Worten", oder genauer: vom „Zehnwort" (griechisch: Dekalog) vom Sinai ist dann die Rede. Das mag damit zusammenhängen, dass die Zehn eine in hohem Maß symbolische Zahl ist. Sie gilt als Zahl, die alles

umfasst. Wir haben zehn Finger und zehn Zehen, unser Zahlensystem beruht auf der Zehn. Auch Jesus erzählt oft Gleichnisse, in denen die Zehn prominent vorkommt (Jungfrauen, anvertrautes Geld …).

Die Bibel selbst kennt freilich keine Nummerierung der Gebote, sie enthält einfach einen fortlaufenden Text. Und wenn man selbst anfängt zu zählen … dann kommt man nicht unbedingt auf zehn Gebote. Beziehungsweise: Um auf zehn zu kommen, muss man den Text irgendwie gliedern. Und das wurde und wird bis in die Gegenwart unterschiedlich gemacht. Die Juden beispielsweise zählen die Gebote anders als die Christen katholischer und lutherischer Konfession. Für Letztere ist die Einteilung des Kirchenvaters Augustinus (354 bis 430) maßgeblich. Er unterschied als erster zwischen den Pflichten gegenüber Gott (Gebote eins bis drei) und den Pflichten gegenüber dem Nächsten (Gebote vier bis zehn). Außerdem fasste er Fremdgötter- und Bilderverbot zusammen, stattdessen trennte er die beiden Begehrensverbote. Wie gesagt: man kann auch anders gliedern. Aber weil sich diese Zählung im katholischen Raum und in den Landeskirchen lutherischer Prägung durchgesetzt hat, folgt ihr auch dieses Buch.

# IV. AUSGESTRECKTE HAND – NICHT ERHOBENER ZEIGEFINGER! EINE ART GEBRAUCHSANLEITUNG

Wer sich auf die Spur der Zehn Gebote begibt, muss zu ihrem Ursprung zurückgehen. Denn die Zeit, die Umstände – und leider zuweilen auch die Kirche – haben wenig von ihrer befreienden Grundausrichtung übrig gelassen. Viele sehen in den Zehn Geboten heute nur noch den Ausdruck einer Verbotsmoral, den erhobenen, drohenden Zeigefinger Gottes: Du sollst, du sollst nicht ... Doch eine solche Engführung ist „nicht bibelgemäß", wie etwa der verstorbene Freiburger Alttestamentler Alfons Deissler betont hat. Es sei hier noch einmal an den Zusammenhang erinnert, in dem die Zehn Gebote in der Bibel ursprünglich vorkommen. Zunächst schildert die Heilige Schrift ausführlich, wie Gott sich seinem Volk zuwendet, wie er es aus der Unterdrückung befreit. Danach wird erzählt, dass er sein Volk in der Wüste zum Berg Sinai führt, wo es die Zehn Gebote erhält. Erst nachdem er den Menschen die Freiheit geschenkt hat, gibt er ihnen also Regeln, damit sie diese Freiheit auch bewahren.

## Zuerst geht Gott auf die Menschen zu

Die Verbindung zum vorausgehenden Handeln Gottes ist entscheidend für das richtige Verständnis. Der Text der Zehn Gebote unterstreicht dies selbst ausdrücklich. „Ich bin Jahwe, dein Gott, der dich aus Ägypten geführt hat; aus dem Sklavenhaus", so heißt es zu Beginn in Ex 20,2f., noch bevor ein einziges Gebot aufgeführt ist. Erst nach dieser Passage, die damit weit mehr ist als eine bloße Einleitung, formulieren die biblischen Autoren auch Erwartungen an das Volk.

Um es noch einmal auf den Punkt zu bringen: Gott *will* nicht in erster Linie etwas von den Menschen. Sondern er ist es, der zuerst auf die Menschen zugeht, sie rettet, ihnen seine Liebe schenkt. Die Zehn Gebote sind, um noch einmal Alfons Deissler zu zitieren, „nicht nur Weisung, sondern ... zuallererst Evangelium", also Frohe Botschaft. Es wäre wohl ein entscheidender Impuls, wenn wir diese Grundausrichtung der Zehn Gebote bei unserer heutigen Lektüre wiedergewinnen könnten.

## Gott bietet einen Vertrag an

Damit hängt ein Weiteres zusammen: Wir dürfen nicht vergessen, für wen die Zehn Gebote geschrieben wurden. Sie galten, wir haben das im vorigen Kapitel gesehen, als zentraler Inhalt des Vertrages, des „Bundes", zwischen Gott und seinem Volk. Wer aber kann so einen Vertrag schließen? Kinder sind das sicher nicht; selbst heute gilt man in Deutschland erst mit Erreichen der Volljährigkeit als voll geschäftsfähig. Mit den Zehn Geboten verhält es sich nicht anders. Sie richten sich an Erwachsene, die einen Bund mit Gott eingehen wollen. Wenn Eltern die Gebote bei der Erziehung ihrer Kinder einsetzen, etwa um sie mit Hilfe des vierten Gebots („Ehre deinen Vater und deine Mutter ...", Ex 20,12) zur Ordnung zu rufen, dann geht das am eigentlichen Sinn der Gebote vorbei. Letztlich werden sie dadurch zweckentfremdet.

## Jesus hat die Gebote als bekannt und gültig vorausgesetzt

Ein drittes und letztes Thema soll im Rahmen dieser kleinen „Gebrauchsanleitung" für ein angemessenes Verständnis der Zehn Gebote angesprochen werden. Warum, so ließe sich ja fragen, sollen diese jahrtausendealten Texte für uns eigentlich heute noch von Bedeutung sein? Weshalb schätzen die Christen gerade diese Passage aus dem Alten Testament so hoch ein – während sie andere Texte aus der jüdischen Bibel aus gutem Grund nicht beachten? Zuweilen ist ja, sicher in einer gewissen Überspitzung, zu hören: das Judentum sei eine Religion des Gesetzes, das Christentum habe die Freiheit gebracht. Müssten wir also nicht auch über die Zehn Gebote „hinweg sein"?

Einen entscheidenden Hinweis für die Beantwortung dieser Fragen finden Christen im Handeln Jesu. Die Evangelien erzählen an mehreren Stellen, wie Jesus die Zehn Gebote zitiert. So etwa als ihn der reiche junge Mann fragt: „Was muss ich tun, um das ewige Leben zu gewinnen?" In seiner Antwort nennt Jesus fünf der Zehn Gebote: „Du kennst doch die Gebote: Du sollst nicht töten, du sollst nicht die Ehe brechen, du sollst nicht stehlen, du sollst nicht

falsch aussagen …; ehre deinen Vater und deine Mutter!" (Mk 10, 19). Dass Jesus nur diese fünf Gebote zitiert, bedeutet wohl kaum, dass er die anderen nicht kennt. Oder sie als unwichtig erachten würde. Viel eher ist davon auszugehen, dass er die Zehn Gebote – die ja zu seiner Zeit längst als zusammengehörendes Werk überliefert wurden – als bekannt und gültig voraussetzt.

## Im Licht der Liebe Gottes lesen

Die Zehn Gebote sind also Teil der Verkündigung Jesu. Von daher muss es auch zur Nachfolge Jesu gehören, dass sich Gläubige an ihnen orientieren. Dennoch ist tatsächlich ein entscheidender neuer Akzent hervorzuheben. Jesus lässt sich nicht darauf festlegen, dass die Gebote buchstabengetreu zu halten seien. Kraft seiner Autorität und Vollmacht nimmt er Neuinterpretationen vor. Beispielhaft ist dies in der Bergpredigt nachzulesen. Dort heißt es etwa: „Ihr habt gehört, dass zu den Alten gesagt worden ist: Du sollst nicht töten … Ich aber sage euch: Jeder, der seinem Bruder auch nur zürnt, soll dem

Gericht verfallen sein" (Mt 5,21f.). Während die Zehn Gebote also gewissermaßen die grundlegenden Normen festgeschrieben haben, geht Jesus noch einen Schritt weiter. Dies bedeutet: Wer ihm nachfolgt, für den gelten noch einmal andere Maßstäbe.
Und welche sind das? Das sagt Jesus in einem Streit mit einem Schriftgelehrten. „Ein Schriftgelehrter ... fragte ihn: Welches Gebot ist das erste von allen? Jesus antwortete: Das erste ist: Höre Israel, der Herr, unser Gott, ist der einzige Herr. Darum sollst du den Herrn, deinen Gott lieben mit ganzem Herzen und ganzer Seele, mit all deinen Gedanken und all deiner Kraft. Als zweites kommt hinzu: Du sollst deinen Nächsten lieben wie dich selbst. Kein anderes Gebot ist größer als diese beiden" (Mk 12,28–31).
Das Stichwort „Liebe" – zu Gott und bei den Menschen untereinander – ist das Entscheidende in dieser Passage. Es sollte auch die Folie sein, mit der wir heute die Zehn Gebote lesen und in unsere Zeit übertragen. Wie das aussehen kann, zeigt wiederum Jesus selbst bei der Diskussion um die Heilung des Sabbats. Dort sagt er: „Der Sabbat ist für den Menschen da, nicht der Mensch für den Sabbat" (Mk 2,27).
Und damit sind wir gewissermaßen wieder am Anfang dieses Kapitels, dieser „Gebrauchsanleitung". Es begann damit, dass an die Zuwendung Gottes erinnert

wurde, die jeder Antwort des Menschen und auch jedem Gebot vorausgeht. Gott ist ein „Freund des Lebens", wie es im Buch der Weisheit (11,26) heißt. Gott tritt uns nicht als erstes mit dem drohenden Zeigefinger entgegen. Sondern mit der ausgestreckten Hand, mit der er uns ein Angebot macht. Er will, dass unser Leben gelingt – und dazu gibt uns Gott Grundregeln, nach denen wir uns richten können.

Das sind die Zehn Gebote. Und das letzte Missverständnis für den Umgang mit ihnen räumt Jesus aus dem Weg: Auch bei der Deutung der Zehn Gebote, so könnte man seine Botschaft zusammenfassen, muss die Liebe das entscheidende Kriterium sein.

Die wichtigste Gebrauchsanleitung für die Zehn Gebote muss also lauten: sie sind im Licht der Liebe zu lesen. Erst dann versteht und interpretiert man sie richtig.

**Auf einen Blick:**

*„Gebrauchsanleitung" für die Zehn Gebote:*
*1) Gottes Liebe geht allen Geboten voraus.*
*2) Die Zehn Gebote sind Richtlinien für Erwachsene, damit das Leben gelingt.*
*3) Sie sind im Licht der Liebe zu interpretieren.*

# V. DIE ZEHN GEBOTE IM EINZELNEN

## 1) „Du sollst keine anderen Götter neben mir haben"

*„Ich bin Jahwe, dein Gott, der dich aus Ägypten geführt hat, aus dem Sklavenhaus. Du sollst neben mir keine anderen Götter haben. Du sollst dir kein Gottesbild machen und keine Darstellung von irgendetwas am Himmel droben, auf der Erde unten oder im Wasser unter der Erde. Du sollst dich nicht vor anderen Göttern niederwerfen und dich nicht verpflichten, ihnen zu dienen. Denn ich, der Herr, dein Gott, bin ein eifersüchtiger Gott: Bei denen, die mir Feind sind, verfolge ich die Schuld der Väter an den Söhnen, an der dritten und vierten Generation; bei denen, die mich lieben und auf meine Gebote achten, erweise ich Tausenden meine Huld."*
(Ex 20,2–5)


*„Ich bin Jahwe, dein Gott, der dich aus Ägypten geführt hat, aus dem Sklavenhaus. Du sollst ne-*

*ben mir keine anderen Götter haben. Du sollst dir kein Gottesbildnis machen, das irgendetwas darstellt am Himmel droben, auf der Erde unten oder im Wasser unter der Erde. Du sollst dich nicht vor anderen Göttern niederwerfen und dich nicht verpflichten, ihnen zu dienen. Denn ich, der Herr, dein Gott, bin ein eifersüchtiger Gott: Bei denen, die mir Feind sind, verfolge ich die Schuld der Väter an den Söhnen und an der dritten und vierten Generation; bei denen, die mich lieben und auf meine Gebote achten, erweise ich Tausenden meine Huld."*
(Dtn 5,6–10)


In meinem Beruf, dem Journalismus, geht es meist darum, Dinge möglichst kurz und prägnant auf den Punkt zu bringen. Das ist oft viel schwieriger, als seinen Gedanken freien Lauf zu lassen und einfach drauflos zu schreiben. Junge – manchmal auch gerade ältere – Kollegen tun sich mit der geforderten Kürze zuweilen schwer. Ihnen zur Mahnung zitiert man dann gewöhnlich eines der geflügelten Worte im Journalismus: „Man kann auch den 30-jährigen Krieg in einem Satz erzählen."
Beim ersten Gebot liegt der Fall anders. Schließlich

handelt es sich hier ja auch nicht um die Meldung einer Nachrichtenagentur. Man kann natürlich bei der spröden Kurzfassung bleiben, in welche die Glaubensunterweisung das Gebot gegossen hat: „Du sollst keine anderen Götter neben mir haben." Doch eigentlich sollte man das nicht tun. Denn dann entgeht einem mindestens die Hälfte der wunderbaren Aussagen, die erst den ganzen Reichtum dieses Gebotes ausmachen.

### Gottes Liebe und Zuwendung stehen vor allen Geboten

So ist gleich der erste Satz der Langfassung weit mehr als eine Einleitung. „Ich bin Jahwe, dein Gott, der dich aus Ägypten geführt hat; aus dem Sklavenhaus." Man kann es nicht oft genug betonen – und genau deshalb steht es auch am Anfang, vor allen Geboten: Gott tritt dem Menschen nicht zuerst als Fordernder gegenüber. Seine Zuwendung, seine Liebe – theologisch gesprochen: seine Gnade – stehen immer vor allen Geboten. Diese Überschrift ist stets mitzudenken.

Es lohnt sich, diesen Gedanken ein wenig zu vertiefen. Denn die Zusage der unbedingten und vorausge-

henden Liebe Gottes gilt auch für jeden von uns heute. Nur kommt sie im Alltag leicht unter die Räder. Und selbstverständlich kennt jeder auch Phasen, in denen das Leben als alles andere als von Gott erwählt erscheint. Doch es ist tatsächlich so. Schon die Tatsache, dass es Sie, liebe Leserin, lieber Leser, und mich überhaupt gibt, bedeutet: Wir sind gewollt! Das Zeitfenster, die Umstände – rational gesagt: die mathematische Chance –, dass aus einem Ei und einer Samenzelle ein Mensch entsteht, ist recht klein. In Ihrem und in meinem Fall ist es passiert. War das nun reiner Zufall? So sehen es sicher viele Menschen. Aber man kann es auch anders sehen … Nämlich als erste, fundamentale Zuneigung Gottes. Ich finde dafür keine treffendere Formulierung als folgende Zeilen einer Pop-Band: „Wir war'n von Anfang an Gewinner – sonst wären wir nicht hier."
Aber auch abgesehen von dieser elementaren Erkenntnis: Ich bin mir sicher, dass Sie fast täglich Zeichen der Zuwendung Gottes in Ihrem Leben entdecken können. Das sind vielleicht nicht derart spektakuläre Dinge wie die Befreiung des Volkes Israels aus Ägypten, das zentrale Heilsereignis des Alten Testamentes. Aber es ist alles eine Frage der Deutung, der Sichtweise … Die gute Nacht mit erholsamem Schlaf, die ich hinter mir habe; die spon-

tane Freundlichkeit des Kollegen am Arbeitsplatz; die Telefonate, Begegnungen, die mir heute geglückt sind; das unerwartete Lächeln, das ich auf dem Nachhauseweg aufgefangen habe; der Sport, mit dem ich meinen Körper wahrgenommen habe; der Feierabend, den ich mit Familie, Freunden oder einfach entspannt mit mir selbst verbringen durfte … Alles nur Zufall? Der Gläubige wird dies anders sehen. Gott handelt durch Menschen, und auf diese Weise hat er auch mir viel Gutes widerfahren lassen und tut dies bis heute. Wer zu dieser Sicht der Dinge fähig ist, wird dem Leben auf andere Art und Weise begegnen.

### Der Gläubige antwortet auf den Ruf Gottes

Zurück zum ersten Gebot. Nach der Vergewisserung der unbedingten und vorausgehenden Liebe Gottes – und wirklich erst danach – wird hier eine Forderung formuliert: „Du sollst neben mir keine anderen Götter haben." Nach der einleitenden Erinnerung an Gottes Heilshandeln erscheint das nicht wirklich als Zumutung, sondern vielmehr fast als logische Antwort des Gläubigen. Von daher übersetzen manche Theologen das „Du sollst" auch mit einem „Du

wirst". Das bedeutet: wer Gottes Liebe in seinem Leben erfahren hat, kann eigentlich gar nicht anders, als sich an seiner Weisung auszurichten. Rein sprachlich mag diese Übersetzung vielleicht angreifbar sein. Ein interessanter Gedanke ist sie allemal!

Was aber bedeutet das erste Gebot genau? Es geht ihm um die Ausschließlichkeit des Glaubens. Dass der Gläubige sich allein Gott zugehörig und verpflichtet weiß – und sich eben nicht auch „anderen Göttern" zuwendet.

Uns heutigen Lesern mag die Vorstellung, dass es überhaupt verschiedene Gottheiten geben könnte, fremd sein. Gott ist laut Definition eben Gott. In der Antike war das freilich anders. Hier gingen die Menschen weithin von einem Nebeneinander vieler Götter, von einem ganzen Götterhimmel aus. Der Fachbegriff dafür heißt Polytheismus, in etwa: „Vielgötterei". Für jede Lebenslage, für jedes Naturphänomen war ein bestimmter Gott zuständig. Für die Menschen bedeutete dies ständigen Druck: Wie leicht konnte man bei dieser Fülle im Götterhimmel das Opfer an einen bestimmten Gott vergessen – und sich so dessen Zorn zuziehen! Auch Völker, Stämme und Sippen hatten ihre eigenen Götter. Und der Wechsel von einem zum anderen Gott war durchaus keine Seltenheit. War man etwa im Kampf einer anderen Gruppe unterle-

gen, hatte sich scheinbar auch deren Gott als stärker erwiesen – und man wechselte daher auch im Glauben zur neuen „Nummer Eins".

In diesem Umfeld bewegt sich die Bibel. Und: sie bringt etwas entscheidend Neues. Besser: Sie bringt JEMAND entscheidend Neuen. Nämlich einen Gott, der keine „anderen Götter" neben sich duldet, der, wie er es selbst sagt, „eifersüchtig" ist. Jahwe, der Gott der Bibel, will von seiner Gemeinde als einziger Gott verehrt werden. Theologen bezweifeln, dass das Judentum zu diesem frühen Zeitpunkt seiner Geschichte bereits einen reinen Monotheismus gekannt hat, also die Verehrung eines als einzig und universal begriffenen Gottes. Vielmehr hat man zunächst wohl durchaus die Existenz mehrerer Götter angenommen, sich aber allein zu seinem eigenen Gott bekannt. Der Fachausdruck dafür lautet „Monolatrie". Aber auch schon dies stellt im alten Orient eine Besonderheit dar.

Und vor allem: es stellt eine Befreiung dar. Wer sich einzig und allein auf den einen Gott ausrichtet, muss keine Sorge haben, das Opfer für andere Götter – oder besser: Götzen – zu „vergessen". Wer Gott in die Mitte seines Lebens stellt, wird wirklich frei.

## Gott ist größer als jedes „Gottesbild"

Wenn das erste Gebot nun fortfährt und davor warnt, sich „ein Gottesbild" zu machen, dann gehört dies genau in diesen Zusammenhang der Ausschließlichkeit des Glaubens an den einen Gott. Und deshalb liegt es auch durchaus nahe, dass diese Sätze in der katholischen Tradition zu einem einzigen Gebot zusammengefasst werden. Denn das „Bild", von dem hier die Rede ist, meint nicht einfach irgendein Gemälde oder eine Zeichnung. Von daher ist beileibe kein Kunstverbot angezielt. Es gab Strömungen auch im Christentum, die dies so gesehen haben. Im Islam gilt ein Bilderverbot bis heute.

Doch das zugrundeliegende hebräische Wort im ersten Gebot bezeichnet immer ein „Kultbild". Es geht also um die Verehrung Gottes in einem „Gottesbild", das wir uns selber machen.

Um den historischen Sinn dieser Vorschrift zu erfassen, muss man sich ein wenig auf das antike Bildverständnis einlassen. Für den Gläubigen war ein Götterbild immer zugleich auch etwas wie ein direkter Zugang zu der jeweiligen Gottheit. Indem er vor dem Kultbild Opfer darbrachte – oder verweigerte –, schien der Gläubige „Macht" über Gott zu besitzen. Das aber wäre eher Magie als Religion! In der Nach-

barschaft Israels hat man zu jener Zeit vielfach noch so geglaubt. Gott aber – wenn es wirklich Gott ist – ist unseren Versuchen, ihn zu beeinflussen, ihn „gefügig" zu machen, grenzenlos überlegen.
Und noch ein weiterer neuer Akzent kommt mit der Bildlosigkeit des ersten Gebotes in die Welt. Die Aussage dieses Satzes könnte man auch folgendermaßen übersetzen: Denke daran, dass Gott immer größer ist, als du es dir ausmalen (!) kannst, auch im übertragenen Sinn. Nichts „am Himmel droben, auf der Erde unten oder im Wasser unter der Erde" ist groß genug, um sich Gott angemessen vorzustellen. Gott übersteigt alle unsere Bilder von Gott.


## Und heute?
## Von gegenwärtigen „anderen Göttern"

Die große Herausforderung besteht nun darin, im Anschluss an die Analyse des biblischen Textes die Brücke in die Gegenwart zu schlagen. Schließlich sollen die Zehn Gebote nicht als rein historischer Text gelesen werden. Vielmehr sind wir überzeugt, dass sie auch heute zu uns sprechen wollen – dass sie auch den Menschen des 21. Jahrhunderts den Raum der Freiheit eröffnen wollen.

Wir haben gesehen, dass es dem ersten Gebot darum geht, Gott allein zu lieben, ihm nichts und niemand vorzuziehen. Und es erinnert daran, dass Gott alle unsere Vorstellungen (und unsere möglichen Versuche, seiner „habhaft" zu werden) übersteigt. Wo können beziehungsweise müssen wir uns heute damit angesprochen fühlen?

„Woran du dein Herz hängst, das ist dein Gott", hat Martin Luther einmal formuliert. Das ist tatsächlich die entscheidende Frage, die uns das erste Gebot nahelegt. Woran hängen wir unser Herz? Um was dreht sich unser Denken und Verlangen? Das sind heute sicher weniger die buchstäblich anderen Götter, wie etwa Baal oder Astarte in biblischer Zeit (auch wenn Phänomene wie der Satanismus immer wieder aufflackern). Vielmehr vergöttern Menschen heute „Macht, Vergnügen, Rasse, Ahnen, Staat, Geld oder ähnliches". Diese Aufzählung stammt aus dem so genannten Weltkatechismus der Katholischen Kirche und wäre sicher noch zu ergänzen. Auch die „Anbetung" geschaffener Dinge wie des eigenen Hauses, des neuen Autos oder von Geld allgemein fällt heute wohl unter das erste Gebot. Die „Vergötzung" von Erfolg und Arbeit wäre ebenfalls zu nennen.

Und die Bildlosigkeit? Die Erinnerung daran, dass

Gott immer größer ist? Es wäre vermessen zu sagen, dass unser eigener Glaube für die Versuchung des Aberglaubens immun wäre. Kennen wir nicht den Wunsch, Gott durch die Verehrung von Bildern, durch Kerzen, Spenden und Gebete gleichsam bestechen zu wollen?

Aber das Bilderverbot ist noch in einem tieferen Sinn zu sehen: Gottesbild also im Sinne von Vorstellung von Gott. Natürlich müssen wir Menschen zumindest sprachliche Bilder verwenden, um von Gott zu reden. Doch dabei besteht immer die Gefahr, dass diese Vorstellungen nicht nur die notwendige Hilfe auf dem Weg zu Gott sind. Sondern dass wir Gott unsere Vorstellungen gewissermaßen überstülpen. Der Benediktinerpater Anselm Grün schreibt dazu: „Wir haben in uns eine Tendenz, Gott für uns zu vereinnahmen und ihn nach unserem Bild und Gleichnis zu formen. Dann schnitzen wir uns wie die Völker rings um Israel letztlich auch einen Götzen."

Abschließend sei noch einmal an die positive Grundausrichtung der Zehn Gebote erinnert. Gott will, dass unser Leben gelingt. Und deshalb will er uns auch mit dem ersten Gebot nicht in erster Linie etwas wegnehmen, etwas verbieten, uns den Spaß verderben. Die Rede von der „Eifersucht" Gottes sollen wir hier nicht zu wörtlich nehmen.

Sondern wir dürfen darauf vertrauen: In diesem wie in den anderen Geboten selbst steckt unendlich viel Lebenserfahrung. Die Gebote wissen um die Erkenntnis, dass es dem Menschen besser geht, wenn er eine religiöse Dimension in seinem Leben hat und dabei den einen Gott in die Mitte stellt. Probieren wir es aus!

## 2) „Du sollst den Namen Gottes nicht verunehren."

*„Du sollst den Namen des Herrn, deines Gottes, nicht missbrauchen; denn der Herr lässt den nicht ungestraft, der seinen Namen missbraucht."*
(Ex 20,7; Dtn 5,11)

Viele Gedanken haben sich meine Frau und ich vor der Geburt unserer Tochter über ihren Namen gemacht. Wir haben die besondere Verantwortung gespürt, die wir in dieser Situation hatten. Seinen Namen trägt man schließlich ein Leben lang. Er weckt bei uns selbst und bei unseren Mitmenschen bestimmte Gefühle; es schwingt etwas mit, wenn wir unseren Namen hören oder gar selbst sagen. Die meisten Namen haben auch nicht nur einen Klang, sondern eine Bedeutung. Sie nehmen beispielsweise Bezug auf die Bibel, auf Heilige oder andere große Persönlichkeiten. Sie formulieren auf diese Weise Erfahrungen, Erwartungen, Wünsche, mit denen Eltern ihr Kind in Zusammenhang bringen wollen.

Schon in unserem Alltag haben wir also eine Vorstellung von der großen Bedeutung eines Namens. Um

wie viel größer ist diese Dimension noch, wenn es um den Namen Gottes geht! Im Judentum wird der Name Gottes nicht einmal ausgesprochen.

Mit dem Namen Gottes müssen wir achtsam umgehen – das will uns das Zweite Gebot sagen. Im alten Orient war es üblich, beim Schwur oder vor Gericht Gott anzurufen. Angesichts der Größe Gottes soll dies nicht leichtfertig geschehen oder gar zu einem Meineid missbraucht werden.

### Gott nicht für die eigenen Ziele missbrauchen

Auf der Suche nach der heutigen Bedeutung des zweiten Gebotes muss man wohl etwas weiter ausholen. Denn das Schwören unter Bezugnahme auf Gott, also das einstmalige „Thema" des Gebotes, ist heute nur noch selten anzutreffen. Allenfalls bei der Vereidigung von Ministern wird noch diskutiert, wer den „Gottesbezug" in seiner Antwort ausspricht und wer darauf verzichtet.

Dennoch hat auch uns das zweite Gebot noch etwas zu sagen. Nahe bei der ursprünglichen Aussage ist es, wenn Gottes Name für die eigenen Zwecke missbraucht wird. Dies gab es in der Geschichte immer wieder: Kreuzzüge und Kriege wurden vermeintlich

## 2. Gebot

in seinem Namen geführt. „Gott mit uns" trugen beispielsweise die Kämpfer und Soldaten im Dreißigjährigen Krieg sowie noch im Zweiten Weltkrieg vor sich her. Eine ungeheuerliche Anmaßung! Dieses Phänomen gibt es bis heute: auch islamistische „Gotteskrieger" missbrauchen Gott mit so einer Deutung für ihre eigene, terroristische Sache. „Der furchtbarste Missbrauch des Namens Gottes geschieht immer dort, wo er hergeholt wird, um Folter oder Mord zu rechtfertigen", schreibt Notker Wolf, der Abtprimas der Benediktiner, in seinem Buch über die Zehn Gebote.

Ist eigentlich mit dem zweiten Gebot auch das Lächerlichmachen Gottes in der Form von Satire, Karikaturen und Witzen angesprochen? Sie, liebe Leserin, lieber Leser, werden bei Ihrer bisherigen Lektüre vielleicht schon gespürt haben, dass ich tendenziell eher größer von Gott denke. Und so glaube ich nicht, dass sich Gott durch eine Darstellung, sei sie noch so abfällig und geschmacklos, wirklich beleidigen lässt. Dennoch ist moralisch nicht alles erlaubt, was rein rechtlich durch die Freiheit der Meinungsäußerung und der Kunst gedeckt ist. Es ist richtig, dass sich Christen – bei aller Gelassenheit – nicht alles gefallen lassen sollen. Denn um die Verletzung religiöser Gefühle geht es letzlich, wenn Gottes Name in Kunst und Medien bisweilen verunglimpft wird. „Gott ist durch schlechte

Satire und kalkuliert verletzende Kunst nicht zu beleidigen", schreibt Notker Wolf zutreffend: „Es werden aber die Menschen erniedrigt, die an Gott glauben."

## Auch Gottes Name ist ein sprechender Name

Weitaus spannender finde ich es aber, bei diesem Gebot noch in eine andere Richtung zu denken. Die Bibel sagt, dass auch Gott einen sprechenden Namen hat. „Jahwe", das bedeutet: Ich werde sein, der ich sein werde (Ex 3, 14). Das klingt am Anfang vielleicht ein wenig abgehoben-philosophisch. Aber so ist es nicht gemeint. Aufgrund der guten Erfahrungen mit Gott haben die Menschen wohl passender übersetzt: „Ich werde für euch, für dich da sein!" Ein Missbrauch des Namens Gottes wäre es folglich auch, ein anderes Gottesbild zu verbreiten, vielleicht das eines strafenden, finsteren Gottes. So ist Gott nicht, dafür steht er schon mit seinem Namen ein!
Somit hat das zweite Gebot also auch heute noch etwas mit unserem Alltag zu tun. Einige Autoren verweisen zu Recht darauf, dass es einen Missbrauch des Namens Gottes darstellt, wenn wir beispielsweise Kindern mit der Berufung auf Gott Angst machen („Der liebe Gott sieht alles").

Positiv gewendet, könnten wir also sagen: Für ein gelingendes Leben ist es (mit-) ausschlaggebend, dass wir Gott in seiner Größe und in seinem Geheimnis ernst nehmen – und ihn nicht für unsere eigenen Ziele missbrauchen.

# 3) „Du sollst den Tag des Herrn heiligen"

*„Gedenke des Sabbats: Halte ihn heilig! Sechs Tage darfst du schaffen und jede Arbeit tun. Der siebte Tag ist ein Ruhetag, dem Herrn, deinem Gott geweiht. An ihm darfst du keine Arbeit tun: du, dein Sohn und deine Tochter, dein Sklave und deine Sklavin, dein Vieh und der Fremde, der in deinen Stadtbereichen Wohnrecht hat. Denn in sechs Tagen hat der Herr Himmel, Erde und Meer gemacht und alles, was dazugehört; am siebten Tag ruhte er. Darum hat der Herr den Sabbattag gesegnet und ihn für heilig erklärt."*
*(Ex 20,8–11)*


*„Achte auf den Sabbat: Halte ihn heilig, wie es dir der Herr, dein Gott, zur Pflicht gemacht hat. Sechs Tage darfst du schaffen und jede Arbeit tun. Der siebte Tag ist ein Ruhetag, dem Herrn, deinem Gott, geweiht. An ihm darfst du keine Arbeit tun: du, dein Sohn und deine Tochter, dein Sklave und deine Sklavin, dein Rind, dein Esel und dein ganzes Vieh und der Fremde, der in deinen Stadtbereichen Wohnrecht hat. Dein Sklave und deine Skla-*

*vin sollen sich ausruhen wie du. Denk daran: Als du in Ägypten Sklave warst, hat dich der Herr, dein Gott, mit starker Hand und hoch erhobenem Arm dort herausgeführt. Darum hat es dir der Herr, dein Gott, zur Pflicht gemacht, den Sabbat zu halten."*
(Dtn 5,12–15)

Ähnlich wie bei den vorigen Geboten begegnet uns hier eine Besonderheit des biblischen Glaubens, verglichen mit den anderen Religionen der Antike. Den Rhythmus von sechs Arbeitstagen und einem Ruhetag kennt nämlich außer Israel zunächst niemand. Woher auch? Die Natur bietet dafür keinen Anhaltspunkt. Anders als die Dauer eines Jahres oder eines Monats lässt sich der Wochenrhythmus nicht am Stand der Sonne oder des Mondes ablesen. Entsprechend gab es in der Geschichte auch ganz unterschiedliche Zeiträume, mit denen die Menschen ihre Monate gegliedert haben. Die alten Ägypter kannten beispielsweise große und kleine Wochen mit je zehn beziehungsweise fünf Tagen.

Woher die Bibel diesen eigenen Rhythmus hat, ist unklar. Keine der vielen Theorien dazu kann momentan wirklich überzeugen. Fest steht freilich, dass er sich weltweit durchgesetzt hat. Alle Versuche, an-

dere Zeitrechnungen durchzusetzen, wie etwa in der Französischen Revolution, sind gescheitert.

## Der Ruhetag gehört zu Gottes Grundgesetz

Zurück zum Bibeltext: Es lohnt, sich bewusst zu machen, dass das Sabbatgebot überhaupt in die Reihe der Zehn Gebote, also der wichtigsten Grundregeln für ein gelingendes Leben, aufgenommen wurde. Würden wir es unbedingt dort erwarten? Hinzu kommt, dass es bereits jetzt, an dritter Stelle, erscheint. Noch vor dem Verbot des Tötens und des Ehebruchs etwa! Auch das ist zunächst eine Überraschung. Und es ist eine klare Ansage: Die Bibel misst diesem Rhythmus von sechs Arbeitstagen und einem Ruhetag eine unglaublich hohe Bedeutung zu.
Entsprechend erfolgt auch eine höchstrangige Begründung für dieses Gebot. Einmal (in der Exodusfassung) wird Bezug genommen auf das Schöpfungshandeln Gottes; in der anderen Fassung (im Buch Deuteronomium) steht – abweichend – als Begründung der Hinweis auf die Befreiung aus Ägypten, wie gesagt: auf das zentrale Heilsereignis des Ersten Testaments.
Entsprechend dieser herausgehobenen Stellung des Sabbats hat das Judentum im Laufe seiner Geschich-

te eine Fülle von Regeln entwickelt, damit der Sabbat auch wirklich ein Ruhetag sein konnte. So gibt es beispielsweise die Rede vom „Sabbatweg" (Apg 1, 12). Gemeint ist damit die Strecke, die man am Sabbat nicht überschreiten darf, damit er nicht entweiht würde.

Das vielleicht eindrücklichste Beispiel für die Diskussion um die Heiligung des Sabbats ist in den Makkabäer-Büchern im Ersten Testament zu finden. Sie erzählen vom Befreiungskampf der Juden im 2. Jahrhundert vor Christus und erörtern dabei die Frage: Darf man am Sabbat kämpfen? Zuerst wird von Aufständischen berichtet, die sich ohne Gegenwehr umbringen lassen. Ihr Argument: „Wir werden den Sabbat nicht entweihen" (1 Makk 2,34b). Es setzt sich aber dann die Erkenntnis durch, dass man sich – auch am Sabbat – gegen einen Angriff verteidigen darf. Da scheint fast schon die Linie Jesu durch, der allzu starre Regeln, die sich vor allem verselbständigt haben, entscheidend korrigiert. „Der Sabbat ist für den Menschen da, nicht der Mensch für den Sabbat." (Mk 2,27).

## Für Christen ist der Sonntag an die Stelle des Sabbats getreten

Wie können wir heute den Sonntag „heiligen"? Als erstes sei kurz erwähnt, dass für uns Christen natürlich der Sonntag an die Stelle des Sabbats getreten ist. Schließlich steht für uns ein anderes Heilsereignis im Vordergrund als für die Juden. Wir denken nicht in erster Linie mehr an die Befreiung aus Ägypten, sondern wir feiern die Auferweckung Jesu am Ostersonntag. Und so feierten die Christen recht bald nicht mehr den Sabbat, sondern eben den Sonntag als ihren wöchentlichen Festtag. Auch an der römischen Bezeichnung dieses Wochentages („Tag der Sonne") konnten sie dabei anknüpfen: Schließlich ging es für sie um die „wahre Sonne", Jesus Christus. Die Bibel sagt uns mit dem Dritten Gebot, dass wir Menschen eine Unterbrechung des Arbeitsalltags brauchen. Dies ist für unsere Welt, die sich auf eine Rundum-die-Uhr-Gesellschaft zubewegt, eine wichtige Botschaft. Hingewiesen sei noch einmal darauf, dass dies aus Sicht der Bibel beileibe keine Nebensächlichkeit darstellt; sondern die Autoren haben dies in das zentrale Bundesdokument mit Gott hineingeschrieben. Die Aussage ist klar: ein gemeinsamer Ruhetag in der Woche ist für uns geradezu lebensnotwendig!

## Es braucht gemeinsame freie Zeit

Es geschieht deshalb keineswegs aus Eigeninteresse, wenn die Kirchen in Deutschland gegen die Ladenöffnung an Sonntagen klagen. Weil das Einkaufen am Sonntag bei vielen so beliebt ist, haben die Kirchen hier schnell das Image der Spielverderberinnen und Spaßbremsen. Doch abgesehen von der Sorge um die Beschäftigten argumentieren die Kirchen mit der Weisheit der Bibel. Es ist nach ihrer Auffassung eben nicht egal, wenn jeder irgendwann einmal frei hat. Sondern sie sind überzeugt, dass wir die gemeinsame freie Zeit brauchen. Nur dann können Familien zusammenfinden und Freundschaften gepflegt werden. Bibelwissenschaftler verweisen darauf, dass der soziale Aspekt – also die Arbeitsruhe – wohl am Anfang dieses Gebotes stand. Erst später kam der kultische Aspekt, die Gottesverehrung am freien Tag, hinzu.

Zu der unmittelbar erholsamen Wirkung des freien Tages kommt noch eine gewissermaßen symbolische Bedeutung hinzu. Wenn es einen Tag ohne Arbeit und Einkaufen gibt, jedenfalls für die Mehrheit der Menschen, so ist das der Hinweis auf die tiefere Dimension des Lebens. Diese erschöpft sich eben nicht im Shoppen oder in möglichst ununterbrochenen

Produktionszeiten. Es geht im Leben um weit mehr als um das, was sich in Euro und Cent ausdrücken lässt. Durch die – vielleicht zunächst erzwungene – Unterbrechung unseres Alltags werden wir daran erinnert.

Nachdenken lässt sich über dieses „Mehr" des Lebens beispielsweise in der Gemeinschaft des Gottesdienstes. Und so wird sich der Gläubige am Sonntag auch ausdrücklich Zeit für Gott nehmen.

## 4) „Du sollst Vater und Mutter ehren"

*„Ehre deinen Vater und deine Mutter, damit du lange lebst in dem Land, das der Herr, dein Gott, dir gibt."*
(Ex 20,12)

*„Ehre deinen Vater und deine Mutter, wie es dir der Herr, dein Gott, zur Pflicht gemacht hat, damit du lange lebst und es dir gut geht in dem Land, das der Herr, dein Gott, dir gibt."*
(Dtn 5,16)

Gerade das vierte Gebot hat im Laufe der Geschichte leider beträchtliche Fehlinterpretationen erfahren. Generationen von Eltern haben es verwendet, um ihre Kinder zum Gehorsam zu erziehen. Schon im Neuen Testament ist dieses Missverständnis zu finden. So schreibt etwa Paulus im Brief an die Epheser, und zwar ausdrücklich mit Berufung auf die Zehn Gebote: „Ihr Kinder, gehorchet euren Eltern, wie es vor dem Herrn gerecht ist" (Eph 6,1). Bis heute ist diese Deutung im Umlauf, etwa wenn es im Kate-

chismus der Katholischen Kirche heißt, das vierte Gebot richte sich auch „ausdrücklich an die Kinder" (KKK 2199). Eine weitere Schieflage erhält das Gebot, wenn aus ihm die Gehorsamspflicht gegenüber staatlicher Autorität abgeleitet wird.

Somit ist das vierte Gebot ein Paradebeispiel dafür, wie man die gesamten Zehn Gebote missverstehen kann. Das geschieht dann, wenn man in ihnen in erster Linie den drohenden Zeigefinger sieht – und nicht die ausgestreckte, segnende Hand Gottes.

Um es noch einmal zu betonen: Alle Gebote wollen dem Menschen zeigen, wie Leben gelingen kann. Insbesondere wollen sie die Schwächsten einer Gesellschaft schützen: in diesem Fall die alten, betagten Eltern.

### Kinder sind mit den Geboten nicht angesprochen

Dass es hier nicht um den Gehorsam der Kinder ihren Erziehungsberechtigten gegenüber geht, wäre eigentlich leicht einsichtig. Schließlich sind Kinder mit den Zehn Geboten gar nicht angesprochen. Wir haben ja gesehen, dass die Gebote die Bundesurkunde, den Vertrag, Gottes mit seinem Volk darstellen. Diesen Bund kann nur schließen, wer voll geschäftsfähig ist:

also ein Erwachsener (vgl. Kapitel 3). Im Erwachsenenalter aber sind die eigenen Eltern ... alt.

Es geht also um die alten Eltern, die nicht mehr für sich selbst sorgen können. Sie sind, so sagt es das Gebot, zu „ehren". Was aber genau ist damit gemeint? Es gibt an anderen Stellen in der Bibel die Verbote, die Eltern zu verfluchen oder zu schlagen. Das ist eindeutig. Das vierte Gebot aber enthält keine konkrete Vorgabe, weder positiv noch negativ. Vielmehr ist es uns aufgegeben, das „Ehren" mit Leben zu erfüllen, es für die je eigene Situation auszudeuten. Vom hebräischen Wort für „ehren" her ließe sich auch übersetzen: „Du sollst deinen alten Eltern das gehörige Gewicht, die angemessene Bedeutung, einräumen." Das muss mit der freundlichen, respektvollen Behandlung der alten Eltern beginnen und kann bis zu ihrer materiellen Absicherung und Pflege reichen.

In jedem Fall lässt die Bibel keinen Zweifel daran, dass dies ein besonders wichtiges Gebot darstellt. Dass es also für die Menschlichkeit einer Gesellschaft beziehungsweise für den Segen, der auf ihr liegt, mitentscheidend ist, wie wir mit unseren alten Eltern umgehen. Dies machen die Autoren der Bibel bereits durch die Stellung des Gebotes innerhalb der Zehn Gebote deutlich. Wir würden ja auch diesen Satz nicht unbedingt bereits auf dem vierten Platz

erwarten, zumindest nicht vor dem Tötungsverbot. Aber die Bibel stellt das Gebot stark in den Vordergrund, rückt es in die Nähe der ersten Gebote, die Gott betreffen. Somit erhält das Ehren der alten Eltern fast so etwas wie eine religiöse Dimension. Auch die positive Formulierung („Du sollst" statt „Du sollst nicht") hebt das vierte Gebot von den folgenden ab. Außerdem enthält es, wie sonst nur die Gottesgebote, eine Begründung („damit du lange lebst").

### Eine bleibende Aufgabe für die Gesellschaft als Ganze und den Einzelnen

Daraus, dass das Gebot des Eltern-Ehrens so hervorgehoben wird, können wir schließen, dass die Praxis in biblischer Zeit eine andere war. Offensichtlich ging man mit den alten Eltern alles andere als respektvoll um. Der Benediktinerpater Anselm Grün schreibt: „Gott musste für die alten Eltern Partei ergreifen ... Er wollte sie der Willkür der nachwachsenden Generation entreißen."
Das aber ist eine bleibende Herausforderung bis heute – sowohl in persönlicher als auch in gesamtgesellschaftlicher Hinsicht. Wie gehen wir mit den eigenen Eltern beziehungsweise allgemein mit alten

Menschen um? Betrachten wir sie beispielsweise nur als Stör- und Kostenfaktor, als Belastung der Sozialsysteme? Vor Jahren machte in diesem Zusammenhang das gräßliche Wort vom wünschenswerten „sozialverträglichen Frühableben" der Älteren die Runde. Die Folgen einer solchen Denkhaltung sind schon jetzt spürbar: Experten weisen daraufhin, dass vermehrt Altersarmut, Vereinsamung bis hin zu einem Ansteigen der Suizidrate bei Älteren zu verzeichnen sind. Das sind bedenkliche Anzeichen dafür, dass sich das Klima in unserer Gesellschaft gerade zu Lasten alter Menschen verschlechtert. In der Rubrik „Lebenshilfe" unserer Zeitung stellte kürzlich ein Leser bedrückt fest: „Seit die Kinder aus dem Haus sind und ich nicht mehr zur Arbeit muss, frage ich mich, wozu ich noch hier bin." Es ist fatal, wenn eine Gesellschaft beziehungsweise wenn Familien dieses Gefühl aufkommen lassen. Der Jugendlichkeitswahn, dem Medien und Werbung nach wie vor frönen, kann dies noch zementieren.

Das vierte Gebot ermahnt uns, dem entgegenzuwirken. Denn eine gerechte, lebenswerte Welt, wie Gott sie will, ist eine Welt, in der auch die Eltern und alten Menschen einen guten Lebensabend verbringen. Zumal die Welt bedeutend ärmer wäre, wenn wir auf ihre Erfahrungen verzichten würden.

# 5) „Du sollst nicht töten"

*„Du sollst nicht morden."*
(Ex 20, 13; Dtn 5,17)

Auch beim fünften Gebot gilt: Zum rechten Verständnis dürfen wir nicht unsere eigenen Vorstellungen in den Bibeltext hineintragen. Das wurde und wird freilich immer wieder getan. So muss das fünfte Gebot bisweilen herhalten für die Begründung eines umfassenden Pazifismus, für die Ächtung der Todesstrafe und für das Verbot der Tiertötung. All das mögen wichtige und sinnvolle Anliegen sein. Sie lassen sich redlicherweise aber zunächst nicht mit dem fünften Gebot begründen.
Die Bibel stammt aus einer anderen Zeit. Und daher hat sie auch ein anderes Verhältnis zu Themen wie Krieg, Todesstrafe und Fleischverzehr als wir Menschen des 21. Jahrhunderts. Die antike Welt und auch die Autoren der Bibel nehmen manche Sachverhalte gewissermaßen als gegeben hin. Sie reglementieren sie zwar, stellen etwa Regeln für die Todesstrafe auf; aber sie rütteln eben nicht an der Sache selbst. Somit ist im fünften Gebot keinesfalls ein um-

fassendes Tötungsverbot gemeint – andernfalls würde sich die Bibel selbst widersprechen. Denn sie kennt zum Beispiel einige Vorschriften, wann die Todesstrafe anzuwenden ist.

Für den Exegeten, also den Bibelwissenschaftler, wird dieser unterschiedliche Umgang mit Tötungsformen schon sprachlich deutlich. Das hebräische Wort, das im fünften Gebot für „Töten" beziehungsweise „Morden" verwendet wird, ist ein außergewöhnliches Wort. Wenn die Bibel vom Krieg oder von der Todesstrafe spricht, werden andere Wörter verwendet.

## Gegen das rechtswidrige Töten unschuldiger Menschen

Schwieriger wird es anzugeben, welches Töten nun genau verboten wird. In jedem Fall wendet sich das fünfte Gebot wohl gegen ein rechtswidriges, eigenmächtiges Töten von Menschen, insbesondere von unschuldigem Leben.

So weit, so unbefriedigend. Irgendwie scheint dieser Befund doch ungenügend. Wohl die allermeisten werden dem biblischen Gebot folgen können, es als eine Selbstverständlichkeit betrachten. Ja, mehr

noch: Man fragt sich eigentlich, ob wir heute nicht doch weitergehen müssten beziehungsweise ob wir nicht schon weiter sind. Gibt es nicht auch andere Formen des Tötens, gegen die wir uns inzwischen – zu Recht – stellen? Und zwar Formen, die deutlich über die ursprüngliche Zielrichtung des fünften Gebots hinausgehen. So gibt es beispielsweise gute Gründe, sich gegen die Todesstrafe auszusprechen.

Dazu ist zweierlei zu sagen. Zum einen sei daran erinnert, dass die Zehn Gebote die elementaren, unbedingt notwendigen Regeln sind, um in einer Gesellschaft den inneren Frieden zu bewahren. Es handelt sich also gewissermaßen nur um die unabdingbaren Mindestanforderungen. Schon in dieser Hinsicht bringt auch das fünfte Gebot so etwas wie begrüßenswerte Rechtssicherheit. Das Leben ist grundsätzlich zu schützen; ein willkürliches, unbegründetes Töten wird abgelehnt. Allein das ist keine Selbstverständlichkeit in der antiken Welt.

### Gott ist ein Freund des Lebens

Und das Zweite: Natürlich darf und muss man auf dieser Grundlage weiter aufbauen. Wir sind dazu aufgerufen, das biblische Gebot in unsere Zeit hinein

zu holen, in gewissem Sinne weiterzuentwickeln. Dabei muss das Gesamtbild der Heiligen Schrift und ihre Botschaft vom menschenfreundlichen Gott das entscheidende Kriterium sein. Noch einmal: Gott will das Leben, er ist ein „Freund des Lebens", wie es im Buch der Weisheit heißt (11, 26). Von daher ist es mehr als nur vorstellbar, dass er das Töten in einer weitaus umfassenderen Weise ablehnt, als es im fünften Gebot formuliert ist.

Und so liegt es durchaus auf dieser Linie, wenn sich die Kirche heute entschieden gegen die Todesstrafe wendet und auch die Lehre vom „gerechten Krieg" überwunden hat.

Ein besonders sensibler Zusammenhang sei hier ebenfalls noch angesprochen. Die Kirchen setzen sich für das Leben in jeder Phase ein, gerade zu seinem Beginn und seinem Ende. Von daher verurteilen sie sowohl Abtreibung/Schwangerschaftsabbruch als auch aktive Sterbehilfe. So richtig und alternativlos diese Anwaltschaft für das Leben ist, darf sie nach meiner Überzeugung nicht zu einem Angriff gegen die Betroffenen führen. Insbesondere sollten die Worte genau überlegt werden; ich meine, es verbietet sich, allzu schnell vom „Mord" zu sprechen. Manche Aktivisten machen es sich hier zu leicht.

## Wider den sozialen Tod

Abschließend möchte ich auch bei diesem Gebot den Blick noch in eine andere Richtung lenken. Die Orientierung dafür gibt wieder Jesus an. In der Bergpredigt zitiert er das fünfte Gebot und weitet seinen Sinn erheblich aus. „Ihr habt gehört, dass zu den Alten gesagt worden ist: Du sollst nicht töten ... Ich aber sage euch: Jeder, der seinem Bruder auch nur zürnt, soll dem Gericht verfallen sein" (Mt 5, 21f.). Hier wird deutlich, dass Jesus an weit mehr denkt als die physische Beendigung eines Lebens. Vielmehr will er auch verhindern, dass wir in anderer Weise Menschen herabsetzen, sie ihrer Würde berauben, sie dem sozialen Tod aussetzen. Unsere Sprache kann uns da den Weg weisen: Wir sprechen vom „Rufmord" oder vom „Mundtot-Machen". Auch Worte können Schaden anrichten, im übertragenen Sinn sogar töten. Wir sollten sie also sorgsam wägen. Leben, das ist eben nicht nur unsere körperliche Existenz, sondern – zumindest als Ziel –, Leben in Fülle. Und so dürfen wir in einer freieren Interpretation des fünften Gebots ruhig fragen, was diesem Leben in Fülle entspricht und was es behindert.

# 6) „Du sollst nicht Unkeuschheit treiben"

*„Du sollst nicht die Ehe brechen."*
(Ex 20,14; Dtn 5,18)

Das sechste Gebot nimmt den engsten zwischenmenschlichen Lebensbereich in den Blick, die Verbindung von Mann und Frau, insbesondere in der Ehe. Die Bibel sagt: diese Beziehung ist unbedingt zu schützen, um den inneren Frieden einer Gesellschaft zu erhalten und ihr Wachstum zu fördern.
Es ist wichtig, sich diese Grundaussage als erstes zu vergegenwärtigen. Denn sie ist ja durch und durch positiv. Dennoch hat es das sechste Gebot heute besonders schwer.
Die Kirchen sind daran nicht schuldlos. Im Laufe der Geschichte wurden nahezu alle Themen rund um die Sexualität im Rahmen des sechsten Gebotes abgehandelt. Die Formulierung der katechetischen Überlieferung „Du sollst nicht Unkeuschheit treiben" zeigt es bis heute an. Sie ist ja schon sprachlich viel weiter gefasst als das doch recht eindeutige Verbot des Ehebruchs im Bibeltext. „In meiner Jugend und wohl für viele ältere Katholiken war das sechste

Gebot das wichtigste", erinnert sich der Benediktinerpater Anselm Grün: „Da haben die Beichtväter am meisten nach gefragt."

Natürlich ist es richtig und wichtig, die Gebote weiter zu denken. Wir haben das gerade im Falle des fünften Gebotes („Du sollst nicht morden") gesehen. Dabei müssen jedoch die Botschaft der Bibel und die Erkenntnisse der Naturwissenschaften ernst genommen werden. Wenn also der geltende Katechismus der Katholischen Kirche im Zusammenhang mit dem sechsten Gebot feststellt, dass „homosexuelle Handlungen in sich nicht in Ordnung sind" (KKK 2357), so scheint das eine zumindest sehr weitgehende Ausdehnung des sechsten Gebotes zu sein.

## Das sechste Gebot will die Ehe schützen

Klar ist: das sechste Gebot will die Ehe schützen. Die Bedrohungen für sie sind heute andere als zur Zeit der Bibel. Dass hier eine vernünftige Aktualisierung notwendig ist, zeigt sich bereits darin, dass der Ehebruch in biblischer Zeit als Eigentumsdelikt betrachtet wurde. Die Frau gehörte zum Besitz des Mannes. Folglich konnte ein Mann auf sexuellem Gebiet tun und lassen, was er wollte, solange er nur nicht in die

Ehe eines anderen Mannes einbrach. Für die Frau galten andere Gesetzmäßigkeiten.

Heute liegen die Gefahren für die Ehe vielleicht in dem Trend, die Bedeutung von Treue und Ausschließlichkeit herunterzuspielen. Ein Seitensprung, eine Affäre, man „geht fremd" – Schwamm drüber, nicht der Rede wert. Die ganzen Promis treiben es doch auch so ... Statt zusammen zu bleiben, bis dass der Tod uns scheidet, denkt man vielfach nur noch in Lebensabschnitten mit wechselnden Partnern. Diese Haltung hat Auswirkungen auf die „Haltbarkeit" von Ehen: fast 40 Prozent der Ehen in Deutschland werden wieder geschieden.

Damit ist freilich nicht gesagt, dass jedes Scheitern einer Ehe leichtfertig herbeigeführt oder auch nur hingenommen würde. Im Gegenteil: Es gibt Ehen, die trotz allen guten Willens der Partner scheitern. Daher macht es mich traurig, dass meine katholische Kirche derart pauschal über Geschiedene urteilt und ihnen etwa die Wiederheirat und den Kommunionempfang verweigert.

Eine weitere Gefahr für die Ehe stellt die verbreitete Entwertung der Sexualität in unserer Gesellschaft dar. In Werbung und Massenmedien sinkt die Hemmschwelle immer weiter, es scheint hier keine Tabus mehr zu geben. Frauen werden zum Lustob-

jekt degradiert. Sexualität wird zu einem Wettbewerb, zu Sport, zu etwas Alltäglichem. „Natürlich", „befreiend", wie gern vorgegeben, ist das nicht!

## Welche Haltung prägt meine Sexualität?

Damit sind wir nun doch wieder beim Blick auf die Sexualität im Allgemeinen. Und natürlich müssen im Rahmen des sechsten Gebotes heute mehr Themen angesprochen werden als nur der „Einbruch in eine fremde Ehe". Aber ich denke, es ist doch ein Unterschied, ob dies aus einer pessimistischen, juristisch kleinkarierten Sicht eines schlechten Beichtvaters geschieht – oder geschult am liebenden Blick Jesu.
Er zeigt einmal mehr, wie eine verantwortungsvolle Aktualisierung des sechsten Gebotes aussehen kann. „Ihr habt gehört, dass gesagt worden ist: Du sollst nicht die Ehe brechen", zitiert Jesus in der Bergpredigt zunächst das sechste Gebot. Entscheidend ist jedoch, wie er dann fortfährt. „Ich aber sage euch: Wer eine Frau auch nur lüstern ansieht, hat in seinem Herzen schon Ehebruch mit ihr begangen" (Mt 5,27f.). Jesus nimmt von dem Gebot aus dem Ersten Testament also nichts zurück. Im Gegenteil: er weitet es aus. Dabei nimmt er aber nicht irgendwelche neuen „Tatbestände" auf.

Vielmehr setzt er viel grundlegender an: bei der Haltung des Menschen. Welche Haltung lege ich an den Tag? Was drückt sich auch in meiner Sexualität aus? Vor diesem Hintergrund mag jeder selbst überlegen, wie er zu Themen wie Pornographie, Prostitution, Vielehe, Selbstbefriedigung und Homosexualität steht (die ich, so möchte ich ausdrücklich betonen, nicht auf einer Linie sehe). Für den geltenden Katechismus der katholischen Kirche sind dies allesamt Sachverhalte, die er im Zusammenhang mit dem sechsten Gebot diskutiert – und weitestgehend verwirft.

### Das verlässliche Miteinander von Mann und Frau

Versuchen wir abschließend noch einmal eine positive Wendung. Etwas, das mir gerade angesichts der teilweise verhängnisvollen Geschichte des sechsten Gebotes wichtig scheint. Die Bibel bietet uns in diesem Gebot ihr Lebenswissen für den engsten Lebensbereich des Menschen an. Sie erklärt, dass nur im verlässlichen, treuen Miteinander von Mann und Frau eine Familie und damit letztlich die Gesellschaft aufgebaut werden kann. Und dass hier auch der Raum für eine Sexualität ist, in der sich Partner mit Vertrauen und in Würde begegnen können.

## 7) „Du sollst nicht stehlen"

*„Du sollst nicht stehlen."*
(Ex 20,15; Dtn 5,19)

Wir haben bereits mehrfach gesehen, dass die Zehn Gebote Schutzräume für die Menschen errichten wollen, auf dass sie ihre Beziehung zu Gott und die Beziehungen zu ihren Mitmenschen gut leben können. Auch das siebte Gebot hat nichts anderes zum Ziel. Es hat sich ursprünglich wohl nur auf den Raub von Menschen bezogen. An der Geschichte von Josef und seinen Brüdern aus dem Ersten Testament (Gen 37 ff.) wird deutlich, dass solche Freiheitsberaubung in biblischer Zeit ein verbreitetes Phänomen gewesen sein muss. Weil sie eifersüchtig auf Josef sind, verkaufen ihn seine Brüder „für zwanzig Silberstücke" (Gen 37,28); später wird Josef sogar weiterverkauft (Gen 37,36).

Schon in der Bibel selbst ist aber zu beobachten, dass auch dieses Gebot einen erweiterten Sinn erhält. Es ist dann nicht mehr nur der Raub eines Menschen gemeint, sondern auch der Diebstahl anderen Eigentums wie Vieh oder Wertgegenstände. Dass wohl

auch das siebte Gebot eher diesen umfassenden Begriff von Diebstahl beinhaltet, deutet die absolute Formulierung an: „Du sollst nicht stehlen." Ein Objekt („wen oder was stehlen?") fehlt, somit scheint sich das Verbot auf jeglichen Diebstahl zu beziehen. Eine interessante Randnotiz: Im Hebräischen steht hier für „Stehlen" das Wort „ganav". Es ist somit eines der vielen Wörter aus dieser Sprache beziehungsweise aus dem Jiddischen, die Eingang in das Deutsche gefunden haben … natürlich in Form des „Ganoven".

## Zum materiellen Verlust kommt das zerstörte Vertrauen

Die Aussage des siebten Gebotes ist unmittelbar einsichtig: Wenn ich mir meiner Freiheit und meines Habes und Gutes nicht sicher sein kann, nimmt das Zusammenleben Schaden. Viel schlimmer als der einzelne materielle Verlust wiegt dabei das zerstörte Vertrauen: wo geraubt und gestohlen wird, begegne ich meinen Mitmenschen nicht mehr so offen, wie es eigentlich wünschenswert wäre. Man ist vielmehr insgeheim auf der Hut voreinander, stellt die anderen vielleicht sogar unter Generalverdacht. Ich habe das

bereits mehrfach selbst erlebt, wenn ich in Weltgegenden unterwegs war, die vom Auswärtigen Amt mit „Reisewarnungen" versehen waren. Hier hatten es einzelne Ganoven „geschafft", einem Land, einer Region, einen negativen Ruf einzubringen. Und dies wiederum führte dazu, dass auch jeder neue Reisende der gesamten Bevölkerung misstrauisch begegnet. Eine Spirale des Misstrauens war entstanden.

Wie immer bleibt auch beim siebten Gebot die Aufgabe, die Definition des Stehlens für unsere Zeit neu zu finden. Selbst der ursprüngliche Inhalt des Menschenraubs ist leider noch von trauriger Aktualität, bis heute werden etwa Frauen nach Europa verschleppt und zur Prostitution gezwungen. Es ist ein Verdienst von Frauenrechtsorganisationen, allen voran des Vereins „Solwodi" von Schwester Lea Ackermann, dass sie immer wieder auf das Schicksal dieser Frauen aufmerksam macht. Darüber hinaus werden illegale Migranten auf unserem Arbeitsmarkt ausgebeutet, weil sie ihre Rechte nirgends einklagen können.

## Das Gewinnstreben Einzelner ist Diebstahl am Gemeinwohl

In einer umfassenden Auslegung des siebten Gebotes ließe sich auch fragen, inwieweit die Bedingungen unserer Wirtschaftswelt „Diebstahl" darstellen oder zumindest begünstigen. Rauben wir in den Industrieländern anderen Weltregionen durch unsere Wirtschaftspolitik die Entwicklungsmöglichkeiten? Und war nicht auch die jüngste Weltwirtschaftskrise ein Hinweis darauf, dass das Gewinnstreben Einzelner dem Gemeinwohl etwas vorenthalten hat? Papst Benedikt XVI. hat dies in seiner Sozialenzyklika „Caritas in veritate" (2009) so gesehen.

In diesem Zusammenhang: Es ist nicht zu leugnen, dass auch jeder Einzelne Anteil an ungerechten Strukturen hat. Weil wir für wenig Geld Kleidung kaufen wollen, muss diese oft unter erbärmlichen Bedingungen meist von Frauen in Asien produziert werden. „Wir alle stehlen, die wir mit unserem Kauf zulassen und fördern, dass die Frauen wie Vieh behandelt werden", schreibt Fulbert Steffensky.

Die gesamte Soziallehre der Kirche wird für gewöhnlich im Rahmen des siebten Gebots behandelt. Arbeitgeber werden beispielsweise an die „Sozialpflichtigkeit" ihres Wirtschaftens erinnert. „Eigentum

verpflichtet", das ist von daher ein geflügeltes Wort geworden. Auch jeder Einzelne ist angesprochen. Denn man kann es „Diebstahl" nennen, wenn wir etwa das Finanzamt oder die Versicherung betrügen und so die Allgemeinheit schädigen.

Genauso lässt sich unser Verhältnis zur Umwelt im Zusammenhang des siebten Gebotes bedenken: Rauben wir unseren Kindern und Enkeln die intakte, unversehrte Natur, wenn wir Rohstoffe ausbeuten oder uns nicht energisch gegen den Klimawandel einsetzen?

## Die Botschaft vom menschenfreundlichen Gott

Maßstab für die Beurteilung einer Handlung muss auch im siebten Gebot die gesamte Botschaft der Bibel vom menschenfreundlichen Gott sein. Dann ist zu sehen, dass das Diebstahl-Verbot nicht uneingeschränkt gilt beziehungsweise dass manche Handlungen nicht als Diebstahl beurteilt werden. Klassisch wird dazu der so genannte Mundraub gezählt. So heißt es im Buch Deuteronomium, dem Fünften Buch Mose (23,25): „Wenn du in den Weinberg eines anderen kommst, darfst du so viel Trauben essen, wie du magst, bis du satt bist, nur darfst du nichts in ein Gefäß tun. Wenn du durch das Kornfeld

eines anderen kommst, darfst du mit der Hand Ähren abreißen, aber die Sichel darfst du auf dem Kornfeld eines anderen nicht schwingen."

Dieses Prinzip hat die Kirche in ihrer Soziallehre übernommen, wenn sie etwa verkündet: „Wer sich in äußerster Notlage befindet, hat das Recht, vom Reichtum anderer das Benötigte an sich zu bringen" (Gaudium et spes 69). Dass dies allgemein gilt, zeigt ein Blick in unser bürgerliches Gesetzbuch: Dort gilt Mundraub zwar als Diebstahl. Er wird aber nicht geahndet, es sei denn der Geschädigte erhebt Anzeige.

# 8) „Du sollst kein falsches Zeugnis geben"

*„Du sollst nicht falsch gegen deinen Nächsten aussagen."*
(Ex 20,16)

*„Du sollst nicht Falsches gegen deinen Nächsten aussagen."*
(Dtn 5,20)

„Die Zunge ist ein kleines Glied, doch sie richtet große Dinge an." So hat es der Reformator Martin Luther einmal treffend formuliert. Und eine alte Weisheit aus dem Sudan sagt: Worte sind wie Vögel, die man nicht mehr einfangen kann. Und noch ein Zitat. Es stammt von der Dichterin Hilde Domin: „Besser ein Messer als ein Wort. Ein Messer kann stumpf sein. Ein Messer trifft oft am Herzen vorbei. Nicht das Wort. Am Ende ist das Wort, immer am Ende das Wort."

Das achte Gebot erinnert uns daran, welche Macht unsere Worte haben. Und von daher ermahnt es uns, sie sorgfältig – und wahrhaftig – zu gebrauchen.

Dabei bezieht sich das Gebot ursprünglich nicht auf jegliches Reden. Es ist von daher auch nicht die Mahnung, stets und absolut die Wahrheit zu sagen. Schließlich gibt es Fälle, in denen über die Verpflichtung zur uneingeschränkten Wahrheit zumindest zu diskutieren wäre. Darf ich beispielsweise lügen, wenn ich einem unschuldig Verfolgten Unterschlupf gewährt habe – und nun die Geheimpolizei bei mir klingelt? Ist die „Lüge" in diesem Fall nicht sogar geboten? Und wie steht es mit der Wahrheit am Bett eines sterbenskranken Menschen?

### Auf eine faire Schlichtung vertrauen können

Für solche zugespitzten Fragestellungen wurde das achte Gebot nicht gemacht. Man sollte daher in diesen Situationen auch redlicherweise nicht mit dem Gebot argumentieren. Sondern: Wie wir bereits mehrfach gesehen haben, wollen die Gebote die elementaren Grundregeln vermitteln, die für das Zusammenleben der Menschen unerlässlich sind. Sie formulieren gewissermaßen das ethisch notwendige Minimum, das Unverhandelbare, damit Menschen in guter Weise zusammenleben können.
Als solch ein Grundprinzip gilt das Vertrauen in eine

faire, unbestechliche Schlichtung von Streitfällen. Heute würden wir sagen: das Vertrauen in eine unabhängige Justiz. Genau hier hat das achte Gebot von seinem Ursprung her seinen „Sitz im Leben", wie wir Theologen es ausdrücken. Das verwendete hebräische Wort lässt keinen anderen Schluss zu. Somit erinnert das achte Gebot an die Mitverantwortung eines jeden von uns dafür, dass ein Richter wirklich Recht sprechen kann, dass Auseinandersetzungen „gerecht" beigelegt werden. Dieser notwendige und eingeforderte Beitrag aller Beteiligten ist die Verpflichtung zur Wahrhaftigkeit. Man soll sich vor Gericht nicht von irgendwelchen anderen Interessen leiten lassen, sondern allein die Wahrheit suchen.

Dass es schädlich ist, wenn es anders läuft – davon erzählt die Bibel mehrfach. Diese Erzählungen sind eine andere Form, uns die Bedeutung des Gegenstandes nahe zu bringen. Am eindrücklichsten ist vielleicht die Geschichte von König Ahab und Nabot (1 Kön 21). Darin wird erzählt, dass der König gerne den Weinberg Nabots besitzen würde. Dieser aber lehnt das Angebot Ahabs ab, ihm seinen Besitz zu verkaufen. Um dennoch an den Weinberg zu kommen, lässt Ahab falsche Zeugen auftreten. Sie behaupten, Nabot habe Gotteslästerung begangen und den König verflucht – beides Verbrechen, auf welche

die Todesstrafe steht. Und tatsächlich: da Nabots „Schuld" durch zwei Zeugen bewiesen scheint, wird er gesteinigt, und König Ahab kann den Weinberg in Besitz nehmen.
Eine ungeheuerliche Geschichte für unsere Ohren! Und auch die Bibel nennt dieses Unrecht beim Namen; es bleibt nicht folgenlos. Dennoch scheint es in biblischer Zeit gang und gäbe gewesen zu sein, seine Mitmenschen durch Falschaussage vor Gericht zu schädigen. Dem will das achte Gebot einen Riegel vorschieben. Es „untersagt die Lüge also zunächst nur dort, wo sie dem Nächsten am meisten schadet, ihn seinen Besitz oder eventuell gar das Leben kosten kann" (Schmidt, S. 125).

## Unsere Worte können Schaden anrichten

Für uns Menschen des 21. Jahrhunderts scheint der Geltungsbereich des achten Gebots damit zunächst sehr überschaubar und eingeschränkt. Wann stehen wir schon vor Gericht beziehungsweise müssen dort als Zeuge aussagen? Hat diese Mahnung zur Wahrhaftigkeit also praktisch keine Bedeutung für unseren Alltag? Zumal die Justiz in unseren Breiten doch recht ordentlich funktioniert?

Das wäre sicher zu oberflächlich gedacht. Zunächst einmal gibt es auch heute noch Fälle, in denen Menschen aufgrund von Falschaussagen und Meineid unschuldig verurteilt werden. Selbst diese grundlegende Zielrichtung des achten Gebots ist damit also immer noch aktuell.

Darüber hinaus gilt: Dass das achte Gebot einmal in einem doch recht eingegrenzten Sinne verstanden wurde, bedeutet ja nicht, dass es heute auch noch so sein muss. Zumal für uns Christen nach dem Vorbild und Auftrag Jesu andere, wenn man so will: „strengere" Maßstäbe gelten. Wie in der „Gebrauchsanleitung" (Kapitel IV) beschrieben, sind wir aufgerufen, die Zehn Gebote aus ihrem biblischen Kontext in unsere Gegenwart zu übersetzen. Maßstab für diese Neu-Interpretation muss dabei die Liebe sein.

Mit voller Berechtigung dürfen, sollen, ja müssen wir heute das achte Gebot weiter fassen als in seiner ursprünglichen Bedeutung, also der Aussage vor Gericht. Wir sind in einem umfassenderen Sinne aufgerufen, auf unsere Worte zu achten, damit wir unseren Mitmenschen nicht schaden.

Was heißt das konkret? Die Antwort muss wieder jeder selbst geben, in den Entscheidungssituationen, in denen er oder sie persönlich steht. Reden wir schlecht über andere? Machen wir Witze auf ihre

Kosten? Unternehmen wir nichts gegen Mobbing oder beteiligen wir uns gar selbst daran? Im aktuellen Katechismus der katholischen Kirche werden weitere Beispiele genannt, mit denen man das eigene Verhalten prüfen kann. Üble Nachrede und Verleumdung werden da aufgeführt, aber auch die Verwendung von Ironie, die den anderen lächerlich macht.

Bedenkenswert für unsere Gesellschaft und Kultur insgesamt: Der Katechismus diskutiert im Rahmen des achten Gebotes auch die Rolle der Massenmedien. Darin steckt durchaus eine Anfrage an jeden Einzelnen: Konsumieren wir Medien, die es mit der Wahrheit nicht so genau nehmen? Und billigen, ja unterstützen wir dadurch ein solches Vorgehen?

## 9) „Du sollst nicht begehren deines Nächsten Frau"

*„Du sollst nicht nach der Frau deines Nächsten verlangen."*
(Ex 20, 17b; Dtn 5,21)

Die letzten beiden Gebote geben zunächst einige Rätsel auf. Sind es überhaupt zwei eigenständige, voneinander unabhängige Gebote? In der Deuteronomium-Fassung lassen sich zwar im hebräischen Urtext einigermaßen deutlich zwei Gebote ausmachen (es werden unterschiedliche Verben verwendet). Bei der Überlieferung im Buch Exodus ist das aber nicht unbedingt mehr der Fall.

Hinzu kommt eine inhaltliche Unsicherheit: Wird hier nicht einfach wiederholt, was bereits im sechsten („Du sollst nicht ehebrechen") und im siebten („Du sollst nicht stehlen") Gebot gesagt wurde?

Zum ersten Punkt ist zu sagen: Tatsächlich gehen die Theologen heute überwiegend davon aus, dass gerade in der Exodusfassung nur ein einziges Gebot vorliegt. Wenn es zunächst heißt, „Du sollst nicht nach dem Haus deines Nächsten verlangen", dann ist für

den Menschen der Bibel praktisch alles gesagt – zumal „Haus" in jener Zeit nicht mehr nur den Grundbesitz meint, sondern auch als gleichbedeutend mit „Familie" gilt.

Der zweite Satz wird im Allgemeinen als Erläuterung und Interpretation des ersten verstanden. Man könnte also auch übersetzen: „Du sollst nicht nach dem Haus/der Familie deines Nächsten verlangen – das heißt: nicht nach seiner Frau, seinem Sklaven oder seiner Sklavin, seinem Rind ..."

## Eigentlich ein einziges Begehrensverbot

Entsprechend unterteilen Bibelwissenschaftler das Begehrensverbot meistens nicht mehr in zwei Gebote. Auch das Judentum sowie reformierte, orthodoxe und anglikanische Christen kennen nur ein einziges Begehrensverbot. Um dennoch auf zehn Gebote zu kommen, zählen sie am Anfang ausführlicher, kleinteiliger. In diesem Büchlein soll dennoch die Unterteilung in ein neuntes und zehntes Begehrensverbot beibehalten werden – einfach weil sie sich in der katholischen und lutherischen Tradition entwickelt und erhalten hat.

An dieser Stelle soll es also zunächst um das Gebot

„Du sollst nicht begehren deines Nächsten Frau" gehen. Selbstverständlich sind heute die Frauen in gleicher Weise angesprochen. Man muss also gleichberechtigt formulieren: Du, Frau, sollst auch nicht begehren deiner Nächsten Mann.

## Nicht bloß Wiederholung des bereits Gesagten

Und da taucht, wie eingangs erwähnt, dann gleich die zweite Frage auf: War nicht bereits im sechsten Gebot („Du sollst nicht ehebrechen") alles gesagt? Ist der Schutz der ehelichen Gemeinschaft nicht bereits dort abschließend festgeschrieben?
In der Tat: Das neunte Gebot umfasst das sechste. Zugleich ist es aber nicht nur eine bloße Wiederholung, sondern es stellt auch eine inhaltliche Ausweitung dar. Das neunte Gebot greift nämlich nicht erst dann, wenn die Sünde objektiv begangen und festgestellt wurde. Es will sich von daher auch gar nicht erst auf Diskussionen einlassen, ab wann denn nun genau von Ehebruch zu sprechen ist.
Vielmehr wendet sich das neunte Gebot bereits gegen das Begehren. Darin drückt sich die Erkenntnis aus, dass nicht nur die Tat selbst schädlich ist – sondern dass bereits das Verlangen, der Neid, das lüs-

terne Gefühl das Zusammenleben der Menschen schädigt. Eine durchaus moderne Auffassung, welche die Erkenntnisse der Psychologie ernst nimmt!
Dazu passt, dass das Deutsche „Begehren" fast ein wenig blass ist angesichts des hier verwendeten hebräischen Wortes. Dieses beschreibt eher eine Haltung, die fast zwangsläufig zur Tat führt. Statt „Begehren" könnte man vielleicht treffender übersetzen: „es auf jemand abgesehen haben".

### Wie gehe ich mit meinem Begehren um?

Soweit, so klar. Doch nun ließe sich praktisch einwenden: Wie soll ich mir denn das Gefühl des Begehrens verbieten? Verhält es sich mit ihm nicht ähnlich wie mit der Liebe selbst – von der wir zu Recht sagen, sie sei eine Himmelsmacht und sie „falle" eben über einen?
Dem ist zweierlei zu antworten: Zum einen kann ich mich als vernunftbegabtes Wesen ja immer noch zu meinem Gefühl verhalten; ich muss ihm nicht nachgeben. Dazu mag es helfen, wenn ich mir bewusst vergegenwärtige, was das Gebot will: Mir soll auch hier nichts weggenommen werden. Sondern das Gebot schützt die eheliche Gemeinschaft. Die

Lebenserfahrung von Generationen, die sich in dem Gebot der Bibel niedergeschlagen hat, sagt, dass dieser Schutz für eine Gesellschaft unerlässlich ist.

Zum anderen gilt: Es hängt durchaus auch von mir selber ab, wie „anfällig" ich für das Verlangen selbst bin und wie leichtfertig ich dieses Gebot übertrete. Das ist, wie bei allen Dingen im Leben, gewissermaßen eine Frage des „Trainings": Mit wem umgebe ich mich? Welche Bücher lese ich, welche Filme sehe ich mir an? Je nachdem, was dort „vorgelebt" wird, prägt dies meine eigene Einstellung. Gebe ich dem Gedanken überhaupt eine Chance, dass es wertvoller sein kann, eine Liebe ein Leben lang, durch Höhen und eben auch Tiefen, durch zu tragen? Oder stimme ich ein in den massenmedialen Chor, in dem Partnerschaften („Beziehungen") oder gar Ehen eingegangen werden – „solange es eben gut geht"?

Auf einer nächsten Ebene ist dies auch eine Anfrage an unsere Massenmedien. Welches Frauenbild vermitteln beispielsweise Werbung und Boulevardblätter? Und wiederum: Wenn ich solche Zeitungen kaufe, billige und unterstütze ich ein solches Verhalten.

## 10) „Du sollst nicht begehren deines Nächsten Gut"

*„Du sollst nicht nach dem Haus deines Nächsten verlangen ..., nach seinem Sklaven, seiner Sklavin, seinem Rind oder seinem Esel oder nach irgendetwas, das deinem Nächsten gehört."*
(Ex 20,17a, c)

*„Du sollst nicht das Haus deines Nächsten begehren, nicht sein Feld, seinen Sklaven oder seine Sklavin, sein Rind oder seinen Esel, nichts, was deinem Nächsten gehört."*
(Dtn 5,21b ff.)

Schon im vorigen Kapitel war deutlich geworden, dass das neunte und zehnte Gebot (nach katholischer und lutherischer Zählung) mit gutem Recht auch als ein einziges Gebot aufzufassen wären. Dennoch behalte ich die Unterteilung in zwei Gebote bei, wie sie aus der Tradition überkommen ist und vielen daher vertraut sein dürfte.

Somit geht es im zehnten Gebot noch einmal eigens um

den Schutz der materiellen Lebensgrundlage, um den Schutz des Besitzes vor fremdem Zugriff. Die Aussage des Zehnten Gebotes lautet: Eine Gesellschaft braucht ein gewisses Maß an Sicherheit, um zu gedeihen. Und, was vielleicht in diesem Gebot noch stärker akzentuiert wird: es muss auch ein gewisses Grundgefühl von Sicherheit in einem Gemeinwesen zu spüren sein.

## Keine bloße Wiederholung des Diebstahl-Verbotes

Auch beim zehnten Gebot ließe sich diskutieren, was es Neues bringt gegenüber dem siebten Gebot („Du sollst nicht stehlen"). Und das ist auch in diesem Fall die Erkenntnis: Nicht erst die Tat selbst ist das Problem, sondern bereits das Verlangen nach fremdem Gut bringt Übel. Neid, Gier und Habsucht vergiften das Klima, die Kultur in einer Gesellschaft. Gerade im Zuge der jüngsten Weltwirtschaftskrise wurde dies vielfach beklagt. Bundespräsident Horst Köhler, ursprünglich selbst ein Banker, benutzte wiederholt das eindrückliche Wort vom „Monster" für die Finanzmärkte, um die weit reichenden Auswirkungen einer solchen Haltung zu beschreiben.

Wiederum gilt: es ist eigentlich eine recht moderne

Erkenntnis, das schädliche Verhalten schon so „früh" anzusetzen: nicht erst bei der erfolgten Tat, sondern bereits im Herzen des Menschen. „Wer seine Begierde auf den Besitz des anderen richtet, wird auch irgendwann die Tat folgen lassen", fasst Notker Wolf wohl zutreffend zusammen. Und das ist ein Umstand, um den die Menschheit eigentlich schon lange weiß: Nicht von ungefähr zählt der Neid (lateinisch: invidia) zu den Tod- oder Hauptsünden in der klassischen theologischen Tradition.

Abermals mag man einwenden: Ich kann doch ein Gefühl nicht einfach „abschalten". Der Reiz der Dinge, die ein anderer hat und die ich selber gerne hätte, ist doch da!

Das ist richtig: allerdings kann ich mich erstens zu meinem Gefühl verhalten. Ich kann es wahrnehmen, muss ihm aber nicht nachgeben. Oder ich kann es soweit umformen, dass es für mich zum positiven Antrieb, zur Motivation wird, die Ziele auf redlichem Wege zu erreichen. Ein auf diese Art gezähmtes Begehren ist sogar der Motor schlechthin für unsere kapitalistische Wirtschaftsordnung.

Und zweitens: Auch ein Gefühl wie die Begierde kann ich „trainieren". Schaue ich beispielsweise immer nur darauf, was ein anderer besitzt und ich nicht habe? Oder kann ich mich an dem freuen, was mir zur Verfü-

gung steht? „Demut" wird eine solche Haltung klassischerweise genannt. Ein solches Wort klingt heute nicht sehr „sexy". Aber die Sache, die gemeint ist, wäre durchaus den einen oder anderen Gedanken wert. Ein Wechsel der Perspektive wirkt oft Wunder!

# VI. POSITIV GEWENDET – EIN VERSUCH ...

*"Die Zehn Gebote, vervollständigt durch die evangelischen Vorschriften von Gerechtigkeit und Nächstenliebe, bilden den Rahmen individuellen und kollektiven Überlebens."*

Angelo Giuseppe Roncalli / Papst Johannes XXIII.

Schon mehrfach habe ich in diesem Buch den Münsterschwarzacher Benediktiner Anselm Grün zitiert. Er hat eines der vielen neueren Bücher über die Zehn Gebote geschrieben. Und er ist es wohl auch, der am deutlichsten eine positive Sicht auf die Gebote vermitteln will. Ihm verdanke ich manche Anregung und auch die Idee zu folgendem Versuch.

Die Zehn Gebote, so bin ich überzeugt, sind vor allem ein Angebot, ein Geschenk Gottes. Sie wollen uns sagen, was zu einem gelingenden Leben helfen kann, persönlich und für die Gesellschaft als Ganzes. Wenn sie aber so durch und durch positiv zu sehen sind, dann müsste man dies doch auch sprachlich zum Ausdruck bringen können! Genau dies will ich in diesem Kapitel versuchen.

Dabei will ich mir bestimmt nicht anmaßen, die Dinge noch besser auf den Punkt bringen zu können als die Autoren der Bibel. Aber ich habe die Hoffnung, durch diesen sprachlichen Trick – mehr ist es sicher nicht – die positive Seite der Zehn Gebote deutlicher sichtbar zu machen. Vielleicht tritt so ihr befreiender Charakter noch stärker zu Tage.

Hier nun also meine ganz persönliche „Neufassung" der Zehn Gebote. Der Inhalt sollte derselbe sein, nur die Formulierung ist anders, positiv, bewusst als Rat, als Wegweisung.

## Die Zehn Gebote oder besser:
## Zehn göttliche Tipps zum gelingenden Leben

1) Gott hat jedem Einzelnen von uns seine Liebe geschenkt, und er tut dies jeden Tag neu. Zu einem gelingenden Leben gehört es, diese Zuwendung wahrzunehmen und die Beziehung zu Gott zu pflegen.

2) Dabei ist Gott immer größer als all unsere Vorstellungen und (sprachlichen) Bilder von ihm.

Wir machen ihn zu klein, wenn wir ihn für unsere Zwecke vereinnahmen.

3) Wir brauchen gemeinsame freie Zeit, zumindest einmal in der Woche. Nur so können wir unsere Beziehungen pflegen. Und nur so erkennen wir, dass das Leben mehr bietet als nur Arbeiten und Einkaufen.

4) Einer Gesellschaft geht es erst dann gut, wenn es auch ihren alten Menschen gut geht. Zeigen wir ihnen, dass sie gebraucht werden.

5) Gott will, dass wir das Leben in Fülle haben. Setzen wir uns also für das Leben und die Würde aller Menschen ein, in jeder Phase!

6) Die Partnerschaft von Mann und Frau steht unter besonderem Schutz.

7) Es braucht den Respekt vor dem Eigentum des Nächsten. Auch im großen Rahmen sollten wir uns für gerechte Strukturen einsetzen.

8) Wir müssen darauf vertrauen können, dass Auseinandersetzungen gerecht geschlichtet

werden. Deshalb bemühen wir uns um Wahrhaftigkeit: vor Gericht, aber auch im Alltag.

9) Schon die Gedanken und Haltungen, das geistige Klima, prägen uns – zum Guten wie zum Schlechten. Daher bemühen wir uns um Treue und Aufrichtigkeit in unseren Beziehungen.

10) Wir freuen uns an dem, was wir haben, was uns geschenkt wurde. Wir pflegen positive Gefühle – nicht Neid und Habsucht.

# VII. SCHLUSSWORT

Die globalisierte Welt ist unübersichtlich und kompliziert geworden. Viele wünschen sich klare, einfache Antworten und Lösungen für die vielen Fragen und Probleme, denen sich die Menschheit zu Beginn des dritten Jahrtausends gegenübersieht.
Eine solche Klarheit ist freilich nur in den seltensten Fällen möglich. Mit einem simplen Richtig oder Falsch, einer eindeutigen Unterscheidung zwischen schwarz und weiß, gut und böse, wird man den meisten Fragestellungen der Moderne nicht mehr gerecht.
Bei den Zehn Geboten liegt der Fall anders. Es sind nur zehn einfache Sätze. Aber sie fassen doch das Lebenswissen von ganzen Generationen zusammen. Über Jahrhunderte hinweg haben Menschen herausgefunden, dass es im Zweifel gar nicht viel braucht, damit das Zusammenleben gelingt. Unter anderem gehören dazu eine lebendige Beziehung zu Gott, der rücksichtsvolle Umgang mit den Mitmenschen und, ganz allgemein, das Bemühen um eine freundliche Sicht auf die Welt (um es in wirklich einfachen Worten zusammenzufassen).

Diese „ewigen Wahrheiten" sind in den Zehn Geboten konzentriert. So verstanden lassen sie sich wirklich als Einladung, als Geschenk Gottes an seine Menschheit begreifen. Sie, liebe Leserin, lieber Leser, zu dieser positiven Perspektive auf die Zehn Gebote zu ermuntern, das war auf den vergangenen Seiten mein Hauptanliegen. Ich bin überzeugt: Die Gebote Gottes sind nichts anderes als Wegweiser, Orientierungen für ein gutes, glückendes Leben.

Freilich ist es heute nicht leicht, sein Leben an den Zehn Geboten auszurichten. In unserer Welt gelten offensichtlich andere Gesetzmäßigkeiten, herrschen andere Strukturen. Wir erleben es Tag für Tag, auch die Medien spiegeln uns dies wider. „Man muss doch schauen, wo man bleibt", heißt es heute vielfach. Und selbst das Sprichwort sagt schon lange, dass der Ehrliche am Ende der Dumme ist.

Es scheint also vieles gegen ein Leben nach den Zehn Geboten zu sprechen. Aber die Ahnung bleibt: Vielleicht ist es ja doch möglich … Die Lebenserfahrung der Bibel legt es uns jedenfalls nahe.

Wie bei den meisten Dingen im Leben wissen wir es erst, wenn wir es ausprobiert haben. Einer muss den Anfang machen, muss aus dem „Teufelskreis", aus dem „common sense", aus der abwärtsführenden Spirale ausbrechen.

Machen wir einen Anfang, Sie und ich. Ich bin überzeugt, dass es sich lohnt.

»Die Zehn Gebote sind logisch, weil sie ohne M zustande gekommen sind

Diese leicht verständliche und unterhaltsame Einführung bietet eine moderne »Gebrauchsanleitung« für die Zehn Gebote. Jedes einzelne Gebot wird detailliert unter die Lupe genommen: mit Bibelstellen, Auslegung, historischen Erklärungen und einer Aktualisierung für heutige Leser. So erfahren Sie, was die Gebote zu ihrer Entstehungszeit bedeuteten und wie sie uns heute konkret Hilfe für ein gelingendes Leben sein können.

www.st-benno.de
ISBN 978-3-7462-2862-4